教出
科學探究力

鄭志鵬〈小P老師〉——著

Contents

PART 1　科學教育 為什麼需要探究？　026

如何在課堂上教探究？ 168

原來是探究

—— 藍偉瑩 ——

　　想一想，你是不是也常如此：看見人事物很習慣地下判斷、遇見不同想法就表示不同意、面對挑戰很習慣性地做防備，或對於不確定事物便提出假設。你是否想過你為什麼不是如此：看見人事物習慣地展現好奇、遇見不同想法能夠分享發現、面對挑戰很習慣性地進行反思，或對於不確定事物便提出問題，這都是因為「探究」的習慣從我們的生活中消失了。

　　我們是什麼時候失去好奇，又何時開始不再對這個世界與我們的生活進行探究了呢？我們開始失去學習的熱情，也導致學習動機的下降，長大後的我們更可能失去了改變這個世界的

理想與行動。

　　要改變「無動力世代」，找回學習動機是第一步。要讓學生產生學習動機，首先，學習的內容是與自身有連結。再者，學習的內容對於學生而言是可能靠自己便可以解決的。最後，學習的內容是能與同儕共同探究的。「探究」是人類學習與成長最自然的歷程，探究歷程是學習者為解決問題而採用較主動的學習方式，探究歷程將學習所需技能進行問題解答與延伸探索，使學習者最終可學習到相關的知識與概念。探究是產生知識的歷程，是專家們探索人文或自然世界，並基於自身研究所得證據形成解釋的活動；另一方面，學習者也可以透過如同專家了解人文或自然世界的過程，發展對人類世界共有概念的理解。無論是生活中的生存本能，或是學術界的研究發展，「探究」都是其中關鍵的關鍵。

　　當我們提到 108 課綱，熱搜字中必定會有「探究」，無論是高中的自然科學探究與實作課程，或是社會領域的探究活動或是探究實作，加上國中小彈性學習時間的跨領域探究課程等，或許也期待著能改變教學現場吧！這樣說似乎會讓人以為「探究」兩個字從來不曾在台灣教育圈存在一樣，但真是這樣

嗎？有許多教師早在新課綱推動之前，就已經將探究在課堂中實踐，其中一位就是小 P。

從 2014 年認識小 P 起，就知道他是很鬼才的國中理化老師，聽到很多人提到他的上課很特別，讓學生動手做科學，但不是上完課後做實驗證明課本理論的那種，而是讓學生動手發現科學理論。對於一個跟我有一樣理念與實踐的老師，我當然要認識，果然見面後一開口聊起，每一句話都離不開科學探究的精神與歷程，永遠都是如何進行課程的改良。小 P 更厲害的是將科技運用於科學探究之中，讓他的課堂克服了許多困難，讓很多實驗都能在國中教室裡發生。

認識小 P 不久後，便陷害他來參加我和幾位朋友共同組織的國中理化教師社群，私心的期望能將這個社群託付給他，除了因為我同時還要參加高中自然領域各科的社群，以至於分身乏術外，更重要的是想藉由他豐富的國中經驗，讓社群的老師能夠跨出舒適圈。不僅如此，心中另一個心願是如果小 P 的東西能透過教學現場的回饋，漸漸調整、修正而更加成熟，應該能讓更多人認識他的理念與行動，讓這樣的實踐更貼近大家，有更多的機會推展與影響。無論是我的私心或是我的心願，很

開心地都實現了，小P發揮了廣大的影響力，不僅協助許多人，鼓舞許多人，更持續陪伴著許多科學教師們。當聽到他出版了這本書，心裡更覺得終於出了，如果能更早出版，會讓更多老師少走冤枉路。

雖然這本書是以「科學探究」切入來探討，但探究不僅存在科學教室裡，就如同我最初所談的，探究存在於生活中與各領域的學術研究中。如果我們用更簡單的方式來轉化與描述它的話，則課堂中所營造的探究歷程依序為：引起學生參與、促進學生探索、鼓勵學生解釋、提供學生應用、引導學生反思，讓學生能夠熟悉這樣的歷程，並成為一名探究者。這本書的論述使用了許多科學教室裡的用語，但所有的歷程是各領域都適用的，同樣適用於父母陪伴孩子的過程中，如果能好好保護與發展孩子的探究能力，對於他的長期發展是相當有益的。

向大家推薦這一本充滿探究歷程的探究書，一起進入小P老師探究科學教育的故事中。

（本文作者為社團法人螢光教育協會理事長）

找回探究赤子心

—— 林莞如 ——
（皮卡彎）

　　因為工作需要，小 P 和我、及 Bell（吳月鈴老師）有個三人聊天群組，常常會在上面處理我們要辦理的探究研習相關想法、協調各個工作項目、互相提問辯論與回覆。雖然我是這個教育部大型計畫的共同主持人，但是往往從他們兩位身上學到更多關於「科學探究教學」的知能。

　　近十年的合作下來，我和 Bell 常常讚嘆小 P 有顆像小孩子一般的好奇心，以及像哲學家一樣的智慧，他經常會發現大家習以為常的 bug，會去挑戰我們認為理所當然的教學慣性，然後提出一個從未想過的新觀點來驚艷大家，這簡直就是台灣

科學教師社群中的「人間清醒」。於是我們好奇的問他從小是怎樣被教導，才長成今天這個樣子的？後來，小P就開始寫起回憶錄、話說童年，然後這本書就慢慢生出來了！

我和Bell有幸參與小P的寫作過程並成為第一個讀者，可以看到他漸漸成形的整本書中充滿了問號，連章節大小標題也多是問號，而這就是小孩子的特徵：在大自然面前謙虛的知道自己只是個孩子、正向的直面自己的不足，然後敢去追根究柢，於是就會有一連串的問號產生：為什麼會這樣？那是什麼？我怎樣可以……？

本書第一章是問：「Why？」我們三人都參與十二年國教新課綱中的自然領綱修訂，所以在新課綱推行之初常常被詰問：「以前這樣教就好了！你們幹嘛要一直講探究、探究、探究？」所以第一章就是在談：科學教育為什麼需要探究？這是小P反問自己、問許多前輩或同好之後，整理歸納出來的一些想法，看得出他不是要給讀者「標準答案」，而比較像是陳述一段科學探究教學的心路歷程，沒有要說服誰，也沒有要建立一言堂，但企圖建立更多相互理解的管道。

第二章談了很多的「What？」雖然標題為探究課程是

「怎麼」練成的（How come），但內容更多在處理：科學探究課程「是」長得什麼模樣？跟其他似是而非的名詞相較之下又「不是」什麼？科學探究課程「不只是」實驗、終點「不是」追求標準答案、根基「不在」數學而在觀察、和「科技教學」也有所不同。什麼樣的科學教學才是「教」學生探究，而不是只會「叫」學生探究？這一連串的問號當初也炸得我頭疼，但正因如此，就會試圖絞盡腦汁，和大家一起想想：到底科學探究教學是什麼？而這也成為我規劃系列教師研習的主軸之一。

第三章就是「How ？」了。擁有再多的理想，若都在雲端高來高去，只是不食人間煙火的孤芳自賞，探究教學只有落實在真實的校園課室，才能確認其可行性。如何在課堂上教探究？小 P 列出多年練就的教學經驗：從「觀察因果與關聯」、到「理論的發想與假設」、到「實作驗證與分析發現」、最後去「討論與傳達結果」。

第四章更附上課程示例，可用來佐證這一系列的課程做法，讓本書增加更多參考價值，具備部分教學工具書的功能。

　　最後，我也用問號來做個結尾：你的赤子之心還剩多少？
想找回嗎？讓我們一起來閱讀這本書吧！

（本文作者為十二年國教自然領綱委員、
第一屆全國 Power 教師）

我那不太「探究」的學生生活

　　有人說：「每個孩子都是天生的科學家」，回想起小時候的我，還真的有點像科學家。記得國中放學時，父親有時候臨時起意要來接我下課，但總是接不到人。因為我每一次走路回家的路線常常不太相同，我爸無法預測我這天會走哪一條路，於是就「相堵不到」。我已經忘記當時是怎麼想的了，或許是想透過嘗試不一樣的走法，看看會遇上什麼不同的風景吧。

　　我也清楚記得，小時候曾經為了試試看插座裡的「電」到底是怎麼回事，一把握住「超級小刀」就往插座的其中一個孔插進去。這是一種從握把到刀身全都是金屬製成的折疊小刀，價格很便宜，一把大概不到十塊錢。

　　插座的兩孔中，一個孔是火線，一個孔是中性線。小刀如果碰到火線會觸電，碰到中性線則不會觸電。十分幸運的我剛

好選中那二分之一的機率，刀片插進去後，一陣陣酥麻的電流感立刻源源不絕傳來！

遇到這種狀況，第一時間的直覺反應就是試著讓手從刀片上鬆開，但我發現自己沒辦法做到。當通過肌肉的電流超過 2 毫安培時，肌肉會發生不自主的收縮，使得手把刀片握得更緊。就這樣不知過了多久，我才好不容易費盡力氣的把手鬆開。於是我深刻體驗到什麼叫做「110V 的電壓」，什麼叫做「肌肉觸電時的麻痺感和收縮感」，也從此對於有電的東西非常小心翼翼。當然，這是完全錯誤的實驗方式，請大家千萬不要學。

探究，萌芽自對世界的好奇與熱情

我們家是《牛頓雜誌》的忠實讀者，從創刊號就開始訂閱，所以我從小就從第一期開始把每本都從頭看到尾。雖然當時的我其實還看不太懂書中許多內容，但總是能夠興致盎然的把雜誌讀完，也時常找其他科學類書籍來閱讀。記得某次看到關於「電解」的實驗，我便決定要在房間裡玩玩電解。電解需要的電池和導線都很容易取得，但還需要石墨棒作為電極。當

時的我已經知道碳鋅電池裡面有碳棒，也有拆過電池的經驗。於是我就把家裡的廢電池用刀片和尖嘴鉗給解剖開來，抽出裡面的碳棒當作電極，連接上電池盒，並且選擇家裡最容易取得的電解質——食鹽，把它溶解到水中，通上電就開始了我的電解實驗。

一通上電，就看到泡泡跑出來時，真是讓人無比興奮，而且過一陣子，還會看到有一些綠綠的東西長出來。我已經忘了當時有沒有測試產生氣體的性質，只記得我把電解裝置放在房間裡面電解，然後關起房門人就離開，想說就讓它持續通電一陣子吧。沒想到過了一陣子，當我再次打開房門時，一種像是消毒水的味道撲鼻而來，不僅如此，整個房間看起來還有點綠綠的。後來我才知道，那時房間裡的氣體是毒性很強的氯氣，還好乾電池輸出的電流不大，房間的氯氣濃度還不算太高，不然可就慘了。

長大之後，當我成為人師，偶爾會聽到家長抱怨他的孩子很調皮，經常搞破壞，都不知道要怎麼教。聽了這些孩子們的「事蹟」，我總是會心一笑的想到自己小時候也是破壞力不小的孩子呢！當然，後來等我自己也當了家長，對於父母們的煩惱就更能感同身受了。

當代知名天文物理學家奈爾・德葛拉斯・泰森（Neil deGrasse Tyson）曾不只一次提到類似這樣的例子：「當一個孩子不顧一旁父母的警告，難以自拔的把腳踏進路面積水時，事實上他正在進行一種流體力學實驗。」當孩子把腳踏進積水、水花向四面八方噴濺，就微觀角度而言，這時可能有一百萬個現象在這瞬間發生。此時的孩子年紀還小，還沒有辦法做什麼厲害的物理分析，大人當然也不期待他能從中領悟什麼高深的定律。但是這一次次的經驗，會在他的小腦袋瓜裡面留下一次次的印象，進而成為他未來更深入探索自然世界的經驗基礎。

父母需要付出的成本其實並不高，頂多就是得多幫孩子換洗一套衣服（當然成本也可能是搞砸什麼很重要的聚會就是了）。在安全許可的範圍內，如果願意接受孩子這些很原始的、探索自然的衝動，進而累積起更多的經驗，一段時間後，孩子就會開始發現，有些現象好像跟過去歸納的既有經驗有些衝突與矛盾，在分辨「尋常」與「不尋常」之後，他就會開始問：「為什麼？」

所以，觀察是探究的源頭，累積愈多觀察的經驗，就有愈多啟動探究的機會。

對我來說，對於小時候的記憶有些模糊、有些清楚，有些或許是遺忘了之後又經由自己腦補而成的記憶。但無論如何，我永遠記得小時候的自己，是一個對於科學的故事、推理、現象、理論和動手做實驗，都懷抱著極大熱情的小朋友。

被澆熄的學習興趣

然而隨著年齡漸長，不知從什麼時候開始，我不再動手做實驗，對於新的科學現象與知識，也不再感到那樣興奮了。漸漸的，我成為大家眼中的「好」學生及考試勝利組。

高中時，我讀到理查・費曼（Richard P. Feynman）的兩本傳記：《別鬧了！費曼先生》和《你管別人怎麼想》，一讀馬上就入了迷。我喜歡書中提到費曼從小到大的趣味機智故事之外，也對於他提及的許多科學素養感到印象深刻。例如他提到，理論如果和實驗結果不符，那個理論就沒有價值；或是提到他父親的教育理念，讓我更加認識與理解科學的本質。然而在此同時，我每天依舊努力沉浸在每一次的考試解題當中，無暇去質疑解題理論背後的價值或精確程度，更無從去感受學習科學新知的興奮。

　　我想不只是我，大家都曾經歷過這套漫長、枯燥的解題訓練：首先，在課堂上學習一些規則，接著把這些規則記住，然後在看到題目的瞬間判讀這題牽涉哪些規則，最後套用正確的規則來找出「出題老師心目中」的正確答案。

　　當然，當時的我還不知道正確答案可能只存在出題老師的心中，而不存在於真實世界。無論如何，我和我的同學們就在這樣的遊戲規則中成為佼佼者，卻也愈來愈像費曼書中描述的那群「書呆子」——一群精熟微積分的麻省理工學院學生，卻不知道曲線最低點的切線就一定是水平線。

　　就這樣，我考上了台大化學系，迎接我的是更多艱難且難以消化、應付的科學內容，只好繼續這樣囫圇吞進肚子裡了。在各式各樣的實驗課中，我努力在最短的時間內做出標準答案交給助教了事，最好能用兩、三個小時的時間做出「標準實驗結果」，就可以為自己賺到半天空閒時間。

　　如今回想起來，那個時期的我，已經不再感受到小時候對科學的那種興奮與期待，也幾乎已經忘記兒時的自己在房間裡面胡搞瞎搞一些亂七八糟的東西之後，那種經由發現與探索而得的快樂及成就感。

認識失敗的價值

幸好,到了大四進入實驗室進行專題研究,接受很多專業的訓練下,遇見了改變的契機。當時台大化學系的鄭淑芬教授讓我去台大化工系萬本儒教授的實驗室,進行奈米金對一氧化碳氧化的觸媒製作實驗。我花了將近一年的時間進行這個實驗,耗費了不知多少的昂貴藥品,然而沒有一次的結果是成功的!為此,我感到非常挫敗,在離開實驗室之前,我向萬教授道別並歉疚的說:「對不起,做了這麼多次實驗、浪費了這麼多藥品,但是都沒有成果。」

萬老師當天的回應讓我至今回想起來仍印象深刻,他說:「為什麼你會說『沒有成果』呢?你做的那些失敗的結果,對我們來說都是很珍貴的,這代表我們不需要再重複一次你的設定,因為你已經告訴我們那不會成功,所以可以排除、另外想別的設定。」

現在回想起來,這段話對我來說意義極其重大,因為它打破了我十幾年來學習科學時,以為「題目就是要算對,實驗就是要做出正確答案才有價值」的思考習慣與價值觀。是啊,我過去從沒想過原來「失敗是有價值的」。

　　然而被升學制度制約已久的我，當時並沒有戲劇性的就此幡然醒悟，並狠狠的敲掉「迅速找到正確答案」的慣性，回轉到孩提時那個樂於嘗試、無畏失敗的自己。直到我當老師的這十幾年歲月中，萬老師的話才慢慢發酵，不斷的跳出來提醒我：應該讓學生在課堂裡有機會學習「怎麼失敗」。

　　記得大四快畢業時，我對未來陷入深深的迷惘：「我真的還要在純化學這個領域繼續下去嗎？」回頭看看自己：我的學業成績沒有很好、學習樂趣沒有很高，對於科學，似乎也沒有像小時候那麼有興趣。我確實已經學了很多化學知識和技能，但還要持續玩化學三、四十年嗎？我就沒那麼確定了。

　　除了化學，我在大學期間也玩了一些別的東西。例如花在管樂團練樂器的時間，可能和花在化學系課堂的時間差不多，但似乎也稱不上專業到可以餵飽自己的程度。左思右想，就是找不到那個真正值得一輩子投入的事情。面對看不見的未來，究竟該如何抉擇，感覺真的很恐慌。當時想了很久，才有個念頭是：或許我可以當老師吧？畢竟我國、高中成績還可以，教學生那些自己已經會的東西，應該不太難吧……。基於這樣的想法，我進入師大化學研究所，把相關的教育學分修完，接著順利通過教甄，成為一名國中理化老師。

在教學中重新找回探究精神

　　我當老師的第一年，剛好是九年一貫施行的第一年，當時的我突然發現，當國中科學老師和以前想像的好像有些不同。「帶著走的能力」是什麼？我以前可沒有學過這些東西。聽了許多研習，隱約覺得能夠認同課綱的理念，但對於「實際上怎麼做才對」，卻依然毫無頭緒。

　　然而到了真正開始實際教學時，看起來又和我原本熟悉的教學模式沒有太大差別。課綱中那些「重大議題」、「能力指標」等詞語，對我而言似乎只是文件上的專有名詞，完全沒辦法和自己的教學思考連結在一塊。

　　當時我考上的是台北市龍山國中數理資優班的理化老師。在我之前擔任這個職位的是一個代課老師，然而他在我進學校前就已經離開，於是我完全沒有任何可以參考與模仿的對象。換句話說，這還真是個「全新的開始」，一切都要從頭靠自己去摸索。

　　能夠在龍山國中數理資優班服務，對我來說是運氣很好的開始。對一個菜鳥來說，最簡單的上課方式就是複製以前自己當學生時老師上課的方式。但因為面對的是資優班，我心裡產

生一個很強烈的期許：「我想要去做費曼先生說的那種真正的科學教育，我想要去做那個可以讓學生嘗試失敗的科學教育。」這樣的企圖心給了我一個開發新課程的理由和動力，也非常感謝學校一直給我很大的空間和自由度，去進行教學上的各種嘗試。

從九年一貫開始到如今 108 課綱的實施，我透過多年來無數次的課程設計與調整，逐漸理解並認同課綱一直想傳達的「帶著走的能力」或「素養導向教學」；同時體會到，這恰恰就是科學教育中最珍貴的部分，也是最值得傳達給中學生的學習內容。培養學生帶著走的探究能力，提升學生的科學素養，目的是讓他們未來更能遷移所學的知識與能力，不管他們是否將成為專業科學工作者，都能對他們產生幫助，讓他們更有能力成為自己想要的樣子。

同時，國民平均的科學素養愈高，專業科學工作者的種子自然就愈多，未來能夠投入開創性科學研究，為台灣甚至全世界貢獻科學研究發現的可能性也就愈大。公民科學素質愈高，同時也代表公民在民主國家中做出決定時，更有能力理解其中科學的訊息，也更有能力以科學的方式進行思考與判斷。因此，提升群體的科學素養，就提升了科學國力。

只是，人的天性總是追求穩定，要改變過往習慣的模式，總是困難重重。在投入新課綱編修任務的那天起，我就意識到「教育改革其實是社會改革」。教育思維的改變與調整，挑戰的幾乎是整個社會的價值，教育思維的改變也一直刺激著整個社會重新思考科學教育該有的樣貌。

從九年一貫到 108 課綱，無論在教育現場或社會上總會聽到許多抗拒、困惑與迷惘的聲音。但在實施 108 課綱的現在，除了抗拒與困惑之外，我聽到更多對於過往教育方式的檢討及改革的渴望，同時也聽到更多在教學現場對於增進實務操作技術的需求。

———————

本書整理我這十幾年來對科學教育的思考與實踐，以及不斷反思改進的歷程。那是一段困難重重的旅途，不僅需要不斷充實自己，同時還要突破許多自己的心魔。經過這些年的辛苦探尋，我希望藉由本書幫助現場老師理解「科學探究課程」是什麼，而且不僅是知其要點，更能勇敢的嘗試並帶入自己的班級課堂之中。

　　除此之外，本書也特別為有心了解科學教育的民眾，尤其是想陪伴孩子學習的家長們而寫，我希望用深入淺出的方式讓社會大眾更接近科學教育。這是我答應為親子天下撰寫本書的原因，也是我內心誠摯的期盼。

觀察是探究的源頭，
累積愈多觀察的經驗，
就有愈多啟動探究的機會。

——小P老師

PART

1

科學教育
為什麼需要探究？

地上怎麼會有一灘水？

客廳怎麼突然出現那麼多螞蟻？

電風扇的風怎麼變得那麼小？

在日常生活中，我們無時無刻都在「探究」，

所以更該好好的學探究！

探究不是新概念

「探究」在科學教育裡並不是什麼新的概念。一直以來在科學教育的思維中,探究始終占有重要的地位。或許,我們就從 1957 年蘇聯把人造衛星史潑尼克（Sputnik）打上太空說起好了。

美國的「第一代新科學課程」

當年美蘇的太空競賽,因為蘇聯首開紀錄、先馳得點而開始白熱化。這顆衛星為美國帶來巨大的震撼,人們認為美國的科學能力遠遠落後競爭對手,於是引起諸多反思與如何應對的討論,其中一種聲音就是「科學教育不能輸在起跑線」。美

國開始檢討當時中小學的科學教育，提出重視基礎科學知識概念、計量技能、探究實驗與開放式實驗的課程，這就是所謂的「第一代新科學課程」。

　　這套課程兼具科學知識、技能與探究，當時很快就風靡全球，許多國家包括台灣都採用這套課程的想法，作為國內科學教育設計的參考方針。但值得注意的是，這套課程其實採取的是菁英教育思維，教育的內容著重在：專業度高、難度高、符合未來科技產業所需的技能。教育的目的則放在：挑選出天分適合的學生，給予高強度的訓練，以在幾十年內快速提升國內專業科學人才的質與量。可以想見，這樣的課程同時會犧牲更多數不傾向從事科學專業工作的學生，讓他們在學習過程中遭遇重大的挫折、喪失對科學的興趣與自信，這樣一來反而使整體國民的科學素養下降了。

回顧台灣的科學教育方針

　　回頭看看我們的科學教育政策擬定，其實台灣的科學教育方針是超越菁英教育的。舉例來說，民國 61 年的〈國民中學課程標準〉（化學）提到：

1. 指導學生用觀察及實驗方法,獲得化學基本知識,進而應用於日常生活中,使其隨時隨地發生自動學習的濃厚興趣。

2. 鼓勵學生在日常生活中,發掘與化學有關的問題,並運用科學方法謀求解決,以培養其思考能力及科學態度。

3. 輔導學生設計簡易化學實驗及所需簡單器材,以培養其製作能力,發揮其創造能力。

4. 介紹與日常生活有關的人造化學物品,以引起學生改善環境征服自然的願望。

到了民國 93 年全面施行的「九年一貫課程」,在自然與生活科技領域的課程目標則是:

1. 培養探索科學的興趣與熱忱,並養成主動學習的習慣。

2. 學習科學與技術的探究方法和基本知能,並能應用所學於當前和未來的生活。

3. 培養愛護環境、珍惜資源、尊重生命的知能與態度,以及熱愛本土生態環境與科技的情操。

4. 培養與人溝通表達、團隊合作及和諧相處的能力。

5. 培養獨立思考、解決問題的能力，並激發開展潛能。

6. 察覺和試探人與科技的互動關係。

　　從上述科學教育的課程發展歷程可知，長期以來台灣的科學教育方針都具有強烈的科學探究與實作精神，並不僅限於菁英科學的知識架構，而是一再強調國民在生活中解決問題的科學素養。即使課綱精神隨時代更迭而有所轉變，例如過去「人定勝天、征服自然」的思維在現今思潮中逐漸被淘汰，並更重視「生態保育、永續發展」等概念，但探究與實作、素養導向課程的精神未曾動搖，始終是科學教育的重點所在。

　　九年一貫課程中還特別強調「培養帶著走的能力」。因此「自然與生活科技領域課程綱要」訂定基本能力指標時，將學生的基本能力分為八個要項（圖 1-1）

　　綱要中幾乎沒有談到關於科學知識的記憶、理解、精熟運算，而是非常強調過程技能、思考與各種良好的習慣和態度。關於科學知識內容部分，只放在課綱後面的附錄一、二中。這可以說是台灣教育史上幅度最大的改革，正式宣示：在國民教育階段的科學教育，能力與態度遠重於特定科學知識。

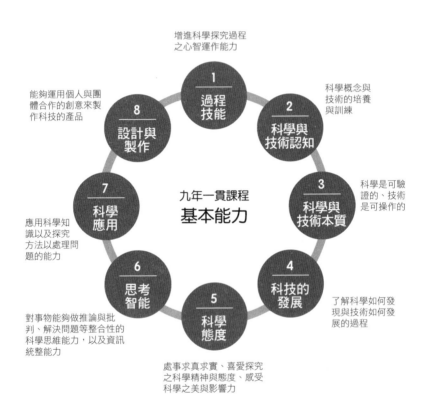

圖 1–1
九年一貫課程「自然與生活科技領域課程綱要」基本能力

認識 108 課綱中的科學素養

回顧過去科學教育方針的發展，可以知道台灣並未企圖在中小學階段就挑選、培養出菁英科學家，而是希望全民都可以藉由科學素養的提升，更有能力去探究未知與解決問題。那麼，為了強化全民的科學素養，108 課綱又嘗試做出哪些調整呢？

從「學習內容」到「學習表現」

首先，在 108 課綱中，把學生要學習的目標分成兩大主題。一個叫做「學習表現」，另一個叫做「學習內容」。例如科學探究能力、科學思考方式、科學態度與習慣等，學會這

些之後便可以在日常生活中展現、運用的，就屬於「學習表現」；而比較單純與科學知識範疇有關的，可以作為探究解決問題過程中必要的起點基礎的，就屬於「學習內容」。

以往一般教師在教學現場的習慣，大多只重視「學習內容」，因此學生雖然學到了許多科學知識，但無法運用所學來認識世界或幫助自己的生活。這也是過往對於科學課程最大的批評：教授一些空洞、與實際不符的理論。學生也沒有能力進行學習遷移，不知道課本中某一段課文對自然現象的描述，對應到真實世界會是什麼。

這種單純用灌輸知識的教學方式，對大多數人而言其實是幫助不大的。想一想，當你在中學課堂上花費很多力氣去把週期表背起來，知道某個元素在週期表上的特定位置之後，能對你產生什麼樣的幫助？我相信對絕大多數的人來說，週期表不過是學生時代一個難以忘懷的痛苦經驗而已。

我想把「學習內容」對學習者的「幫助」這件事情再說得廣義一點。不是解決實際生活問題才是有價值的學習，學習科學有很大一部分的目的，是要對自然界有更深一層的認識，滿足我們對於自然界的好奇心。但是把週期表背起來，不管在哪個層面上都無法產生「幫助」。即使老師說：「先把它背起

來，以後會很有用。」這樣的承諾對大多數學生而言，依然只是個謊言而已。

　　許多科學知識都有類似的特性。單獨學習科學知識，往往只有少數人能獲益。也因此，「學習表現」才應該成為國民教育階段自然科學領域的學習重點。

培養「探究能力」的重要性

　　108 課綱所謂的「學習表現」，包含「探究能力」與「科學態度與本質」兩個項目。講到「探究能力」，或許有不少人會感到陌生。以下我們一起從課綱的角度，看看所謂的「探究能力」指的到底是什麼。

　　課綱將「探究能力」分為「思考智能」與「問題解決」兩個子項（圖 1-2）。「問題解決」就是一種過程技能，或者可以說是運用科學方法解決問題中，屬於要動手操作、動口討論溝通等比較外顯的能力。而「思考智能」就是在這些動手、動口的過程中，需要運用心智思考的部分。

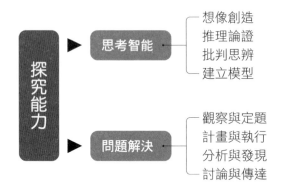

圖 1–2　108 課綱中的「探究能力」

　　科學家在解決問題時，往往是從「**觀察**」開始，不管是看到現象、聽別人說、讀別人的文章，都有可能讓你察覺到一些怪怪的地方。或許是發現某些不合規律的現象，或者是發覺別人的某些論點和自己過去的經驗有所衝突，當你開始察覺到這些，就是探究的第一步。

　　我們總是會根據一些過去的經驗、習慣或是曾經知道的理論，去對察覺到的現象做出猜想。例如，當你有一天在家裡某處看到一排螞蟻出現，那是前幾天沒有發生的現象。根據你的經驗，你就會猜想：一定在某處有什麼食物碎屑掉在地上，

或是糖罐沒有蓋好。你的腦子之所以會產生這個猜想，是因為你有個理論：「螞蟻總是會出來找食物，不然它們不會出來亂跑。」根據這樣的經驗理論，你或許就會擬定這樣的策略：「如果我可以找到食物，並且清理乾淨，螞蟻就會消失了。」這一些根據觀察到的現象而做出的猜想和預測，就屬於「**想像創造**」和「**推理論證**」。

　　根據這些想像，我們就會擬定某個策略：我順著螞蟻的路徑去找，就可以找到牠們正在搜刮的食物，然後就可以把食物清理掉。擬定解決問題的計畫並且實際執行，就屬於「**計畫與執行**」。

　　有這樣對付過螞蟻的人可能會累積起一些成功經驗，也就是真的找到了食物，並且在清理之後，螞蟻就真的消失了；但也可能找了半天，就是完全找不到食物在哪裡。根據這些結果，我們就會在腦袋裡產生新的想法：「螞蟻確實是會出來找食物的，但似乎有時候，牠就只是單純出來走動。不見得每一次看到大群螞蟻出現，就是在找食物。」或者我們想維持原本的想法：「大批螞蟻出來一定是來找食物的，只是我沒找到牠們的食物而已……。」

以上這些思考就是根據實驗結果，調整我們對於螞蟻習性的認知，屬於「**分析與發現**」的部分。

最後，我們會將這樣的認知再放回腦中，於是對於螞蟻便會或多或少建立起一些屬於自己的認識。這就是「**建立模型**」的部分。或許在這過程中，你會發現一些以前從沒注意過的螞蟻特性，並且強烈引起你的好奇。下一次有機會的話，你可能除了想要趕走螞蟻之外，也會想驗證一些你對螞蟻的猜想，例如在螞蟻前進的路線上，用手指畫一下。雖然我們的眼睛看不到手指畫過的痕跡，但螞蟻似乎會像撞到牆壁一樣，繞過手指畫過的區域。

這些驗證做得愈多，你腦子裡對於螞蟻的概念就愈豐富。因此廣義來說，對於螞蟻真實且複雜的習性，試著用較簡單的模型去理解，都可以說是建立模型的表現。

如果有一天，你跟你的鄰居、同事閒聊起你對於螞蟻的發現，可能會驚訝於不同人對於螞蟻的外觀、習性等等的認識，竟然會有這麼大的差異。不信的話，你找個朋友，請他畫一隻螞蟻，你也畫一隻螞蟻來比較一下就知道。

如果要跟別人分享你的經驗、想法，以及你對螞蟻的觀察與理解，那就是「**討論與傳達**」。如果你的朋友對於螞蟻的認

知和你不同，接下來你們就可能需要運用許多的「**批判思辨**」
能力來做討論。

成為具有科學探究力的公民

　　除了學習探索的方式，我們還在歷程中逐漸知道，這些結
果不可能是最終極、最完美、最正確的答案，因此我們還能接
納其他的可能性。透過這些思考習慣和態度的養成，可以讓我
們對周遭的現象有多一點的經驗和認識。那麼即使你可能不一
定會成為一名科學家，但是你一定能成為一個具有科學能力的
公民，一個能夠運用科學能力，讓自己的生活過得更好、更有
樂趣的公民。

　　這就是 108 課綱中的「學習表現」最後提到的「科學態度
與本質」。身為國民教育階段的科學老師，便是希望能藉由設
計精良的課程，讓學生在科學課程中──從小學三年級開始，
一直到高中畢業為止──用這麼長的時間，逐步培養以上這些
能力，協助學生形成應該具有的科學素養。

　　國民教育階段的課綱不是為了讓少數學生成為某專業領域
的佼佼者而設計的，而是在於培養每一個公民的重要素養，讓

大家的身心能夠更健全，了解成為一個公民的責任、權利與義務，並且具備能讓生活過得更好、也更有樂趣的基本能力。正是基於這些理念，形成我們一定要學習健體領域、社會領域、綜合領域、自然領域以及其他各領域課程的理由。

日食是因為 「太陽被天狗吃掉了」？

　　如果打開 108 課綱一讀，許多人往往會皺起眉頭，覺得裡面寫的「問題解決」和「思考智能」好像太過艱深，彷彿是專業科學家才能培養起的能力。但就如同前文所提到的，現今科學教育的目的並不只是培養學生成為未來的科學專業從業人員；而是教會學生對日常生活有幫助的科學能力，讓一般公民能建立起基本且更好的科學素養。因此，課綱中提到希望大家能在中小學階段學習到的「問題解決」與「思考智能」，也就是對一般公民都能產生幫助的能力。

　　其實人類的本性就是會不斷探索未知的事物。「探索未知事物」並非科學家的專利，更不是非得要去尋找重力波存在證據或開發基因編輯技術，才能叫做「科學探究」，探究隨時發

生在每個人的日常生活之中。

探究是人類的天性

在某個燠熱難耐的夏日午後，你打開電風扇，卻發現吹出來的風好像比印象中來得小。你眉頭一皺，覺得案情並不單純。就在走近電風扇的那幾步裡，好幾種可能性閃過心頭：「會不會是按錯按鈕了？」、「會不會是扇葉太髒了？」、「會不會是轉軸黏住了？」、「會不會是……？」這些猜想背後，都是根據你對電風扇原理的一些些認識才會做出的假設。

靠近電扇之後，你看到按鈕確實是按下了「強」。接著你切斷風扇電源，看了看扇葉，發現確實有點髒，於是把電風扇拆洗後裝回去，再按下按鈕。結果風吹起來，就如同你印象中的那麼涼了。這證實了你的第二個猜想，並且解決你所關心的問題。上述這樣的過程，其實就是「察覺差異，提出問題」、「根據理論，連結現象」、「提出假設，進行驗證」、「預測結果」等等的探究過程。

再舉個例子。我有一天走在馬路上，看到白色分隔標線的一端閃著黃色的光。我心想：「難道馬路地上埋了一顆黃色的

LED 燈？是要作為交通警示用途嗎？」

　　我覺得奇怪，記得前幾天沒看到這裡有燈。接著我把視野放大，往左往右看了看周圍。發現有一台車停在遠處，車頭開啟方向燈，燈是黃色的，而且還在閃爍。然後我馬上注意到，兩者閃爍的頻率是相同的。於是我有了新的猜想：「地上的神祕閃光，非常可能來自於汽車閃爍的方向燈的反光。」但是柏油路面怎麼會反光呢？

　　仔細一看，地上似乎有一小灘水。汽車的方向燈發出來的光，剛好通過那一小灘水的反光進到我眼睛，讓我覺得地面在發光。接著馬上一台車經過，就擋在方向燈和積水的中間。我看到的亮光馬上消失，證實我的第二個猜想是正確的。

　　像這樣的心智活動，在我們的生活中無時無刻都在進行著。只要我們發現「哪裡怪怪的」，腦袋幾乎就會立刻啟動探究的機制：

- 廚房怎麼那麼多螞蟻？（**察覺問題**）
- 是不是有食物殘渣沒有清理乾淨？（**根據理論提出假設**）
- 仔細觀察一下，發現……（**得到結論**）

「直覺的探究」與「科學的探究」

　　既然這些能力是我們原本就自然會的，那又為什麼要學呢？因為我們雖然很習慣對於意料之外的事情展開探索，但是以直覺來進行思考及解決問題的方式，往往並不太科學。

　　古人在觀察自然現象的時候，會提出自己的解釋。例如面對地震的時候，台灣民俗的說法是「地牛翻身」，日本民俗的說法則是「棲息在地底的大鯰魚搖動身體」；至於日食在中國的傳說中是「天上的狗把太陽吃掉了」。於是後人也會根據這些「理論」來規劃解決問題的方法。例如，綠島人認為地牛不只一隻，還會彼此打架，所以地震時要敲打金屬臉盆來分開牠們；同樣的，古時候的中國人看到日食，也會敲鑼打鼓、放鞭炮來趕走天狗。

　　有趣的是，根據這些「理論」採取的「實驗」，還真的每一次都會成功喔！一代又一代的人反覆進行著圖 1-3 這樣的實驗，所以千年來人們始終對這些「理論」深信不疑。

　　如果你是一位受過基礎科學教育的公民，這時候可能就會提出質疑，認為這樣的實驗並沒有對照組（圖 1-4）。例如下一次出現日食的時候，如果不要敲鑼、打鼓、放鞭炮，日食是不是也會結束？如果不這麼做，日食仍然會結束的話，那麼用敲鑼打鼓的方式趕走天狗的假說就會受到挑戰了。當然，在一個深信天狗傳說的社會中，沒有人會膽敢拒絕敲鑼打鼓，不然萬一太陽真的就被吃掉而永遠消失了，這責任誰負擔得起？用這個角度來看會發現，有時候要突破傳統，其實是一件非常困難的事情。

圖 1-3　直覺的探究歷程

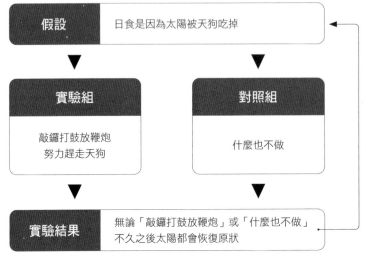

圖 1-4　科學的探究歷程

　　人對於未解的現象，往往會用隨意的想像與歸因來尋求解釋，用很直覺的方式來建立對自然現象的理解，也是人類天生的習慣。直到距今兩千六百多年前，古希臘哲學家泰利斯才撥開直覺的迷霧，主張應該拒絕再用人格化的神祇來解釋自然現象，而是要藉由理性的假說來理解和解釋自然現象。但即使西方在兩千六百多年前已經出現這樣的思想，但近代科學真正臻

至蓬勃發展，還是近半個世紀內的事情。正由於科學的研究和思考方法並不直覺、並不符合人類的天生習慣，所以必須透過後天的教育與訓練，才能慢慢熟練並妥善運用在生活之中。

　　雖然探究是我們的天性，但是具有科學素養的探究卻不是天性，無法一蹴可幾。就像科學家需要訓練有素的探究技術，才能做好自己的研究。一般公民也需要具備科學探究的素養，來幫助自己在面對生活中諸多不熟悉的現象時，能運用一套思考和研究的方式來做判斷，特別是幫助我們更加注意到生活中不尋常的現象，能對許多直覺、缺乏事實支持的歸因有更高的警覺。

　　正因為我們的生活離不開探究，所以更應該透過學習來提升探究品質。這正是國民教育自然課程中所應教會每個公民的事情。

缺乏「探究」的教學現場

許多人心中可能會出現一個疑問：「過去課綱寫的科學教育課程目標非常重視探究，但這跟我們當年接受到的科學教育似乎有相當的落差，甚至感覺起來根本不是同一回事啊！」其實我個人的經驗也是如此。在我自己的求學過程中，沒有任何一個階段的科學課程會讓我感受到「科學需要探究與實驗」。

考得愈好，卻離科學愈遠

正因如此，在我當老師的這十幾年當中，常常有機會遇見不同縣市、不同科別的老師、實習生以及畢業生。我通常會詢問他們：「在你的求學過程中，對於科學課程的印象是什

麼？」我發現不管對方是不是科學教師，有極高比例的人都不認為他們所接受的科學教育包含「科學思考」與「探究實作」的元素。這意味著：過去政府的科學教育政策和實際執行成果之間存在極大的落差。

回憶我自己在中學時所學習的科學課程，其難度和強度都很高，但是缺乏「探究與實作」的要素，因此並不完整。或許是因為這樣，犧牲了許多對科學沒有興趣的學生，讓他們在課程中喪失自信與興趣，無法在時數這麼長的科學課程中獲得幫助與成長。

為什麼我會說課程的「難度和強度高，但是並不完整」呢？意思就是：當時的課程並不容易理解，評量也不容易通過，但即使學生接受了這些課程並通過評量，在這個體系下培養出來的能力與真實的專業科學研究所需具備的能力，有時仍存在著極大的差距。這樣的差距並不是訓練不足所導致，而是因為課程訓練的目標和真正從事科學工作所需具備的素養，方向上往往是相反、甚至是缺乏的。也就是說，學生考得愈好，卻可能和科學離得愈遠。

過往的教學過程中，除了缺乏專業科學研究工作者需要的諸多探究技能與素養之外，在面對科學知識的態度，甚至科學

知識的教學本身，都存在許多值得調整與補足的空間。

　　舉例來說，在以前小學的實驗中，有一個經典的實驗是將蠟燭放在淺碟上，並在淺碟上加入一些水。接著，我們將蠟燭點燃後，用一個透明的玻璃杯倒蓋住，讓蠟燭在封閉的玻璃杯罩中燃燒。等待一陣子之後，會觀察到蠟燭的火焰慢慢變小，最後熄滅。火焰熄滅之後，會發現淺碟裡的水被吸入玻璃杯罩中。玻璃罩裡面的水位會慢慢的上升，然後停止（圖 1-5）。

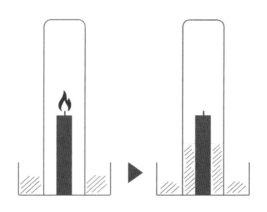

圖 1-5　蠟燭燃燒實驗

以前的小學老師會告訴我們：「水位上升高度剛好就是玻璃罩長度的五分之一，這是因為蠟燭火焰將罩內氧氣耗盡了，於是淺碟的水就被吸進來填補這個位置。所以從這個實驗就可以測量出來，空氣中的氧氣占了全部大氣的五分之一。如果不是剛好五分之一，那就是實驗誤差了。」我還記得當時聽了老師的解說，就完全被說服了。這個實驗的結果非常明確，論證的歷程也很清楚，能充分證明「大氣中的氧氣占了五分之一」這個事實。

就這樣，我一路讀完國中、高中、大學、研究所之後，到學校擔任科學老師。當我在解說「空氣」單元的時候，也用了一模一樣的例子說明給學生聽，絲毫沒有察覺這整件事情大有問題。

反思科學教育

直到教書幾年後參加某一次研習，當時研習主題是談那些在課本裡面常見的錯誤概念。研習中第一個被提出來的，就是這個蠟燭的例子。講者談到整個以蠟燭實驗做出的論述，其實有相當多的問題。例如：

- 蠟燭燃燒雖然消耗了氧氣，但同時會產生二氧化碳和水氣，也是會影響罩內的氣體體積。

- 蠟燭燃燒需要氧氣，但是氧氣在消耗完之前，蠟燭就會因為氧氣不足而熄滅，而不是等把氧氣完全用完才熄滅。

- 實際上要到蠟燭熄滅之後，水位才開始上升。如果是因為氧氣消耗造成水位上升，那麼在燃燒的過程中，水位應該就會慢慢的上升。

　　研習中提到相當多諸如此類的錯誤概念，震撼了我的認知。對於化學系畢業的我而言，這些都是很基本的知識，但我卻沒有能力自己察覺概念的矛盾。

　　對我來說，衝擊更大的並不是我知不知道這件事情的答案，而是多年來，這個蠟燭實驗在我面前出現過這麼多次，但我卻從沒想過這個說法可能是有問題的，更沒有懷疑過「水位上升，真的會是五分之一嗎？」其實如果真的去做實驗和觀察，你會發現水位有時高、有時低，水位上升五分之一似乎靠的不是「氧氣」，而是「運氣」。

　　多年來，我沒有去懷疑，也沒有去做實驗來驗證，甚至沒有提出抗議：「這樣的實驗過程沒有對照組，沒有各種變因的嘗試，沒有多次實驗數據呈現再現性。」這些科學過程技能「知識」在中學、大學課本中都曾經出現，我也都學習過，但我卻從來不曾去挑戰過這個蠟燭實驗。這就是讓我衝擊最大的發現！

　　我所欠缺的不是科學知識，也不是過程技能的知識，而是對於自然現象的好奇、懷疑與實證的習慣和精神。當我對於過程技能僅止於知識層面的理解，而沒有經過真實探究歷程的訓練，這麼一來，知識也只會是知識，而不會是實用的技能。

尚未完整的科學教育

　　這就是我所謂的「課程的難度和強度高，但卻不夠完整」的意思。去記憶氧氣的含量、氮氣的含量、蠟燭的實驗和推論方式等類似的知識有很多，有些甚至在理解或應用上是困難的。但是科學中的過程技能、科學一定要有的思考方式，以及科學的態度和習慣，卻在課程中付之闕如。

　　我們進學校接受教育，從小學到中學，上了這麼多課程之後，能不能對科學專業工作初具概念呢？可能是不行的，甚至還可能會距離專業科學工作更遠。像上述那樣的蠟燭課程，教導學生看到一個現象，就連結到一個結論，如果學生學會以這樣錯誤的科學態度來面對自然現象，是很難把專業科學研究工作做好的。

　　於是我們會聽到許多人在進入研究所、出國深造，或開始進行研究工作後，都要把原本的學習習慣整個打掉重來。讓自己深刻的領悟到：「原來學習科學不是學習解課本習題」、「原來我應該要對讀到的一篇研究報告提出質疑，而不是全盤接收」、「原來我應該要對現象提出問題，而不只是提出解釋」、「原來我不應該在那邊等待教授給我指令，而是應該主動提出想研究的問題與教授討論」……。

　　許多成為科學家應該具備的知識、技能、態度、習慣，正與目前中小學科學教學的方向背道而馳，這就是科學教育不夠完整的地方。

動搖國本的教育改革？

　　在各種討論中小學課程的場合中，常會聽見有人提到：現在的課程愈改愈簡單，學生程度就會愈來愈差；教育培養不出專業人才，簡直是動搖國本。但就如同前文所述，美國第一代新科學課程最為人所詬病之處，就是課程的難度過高，導致國民平均科學能力下降。更何況缺乏探究內涵的科學課程，只是在知識上、甚至是考試題目上的高難度，並不是真正有意義的「困難」。

課程的三種路線

　　教育對一個國家的影響，當然是重中之重。我們都知道，

如果科學教育的螺絲鬆掉，師生一同在科學課堂上打混摸魚，那麼絕對會對國家人才的培養造成嚴重的傷害。但我們究竟應該在什麼地方鎖緊螺絲？又應該在什麼地方提高難度與挑戰呢？是讓學生記憶更多、更深的科學知識，還是在培養學生探究能力的態度、習慣、思考方法與過程技能上提高難度呢？

我們先試著想想看：如果我們要在課堂中花時間給予學生挑戰，那麼哪一種挑戰對學生而言是比較有價值的？或許我們用實際的例子來說明好了，請閱讀下列三種題目：

1. 背出哪些正離子和負離子結合成的鹽類是解離度高的，哪些鹽類的解離度是低的。

2. 蝙蝠是利用超音波來當眼睛，當蝙蝠接收到自己所發出超音波的反射波時，就知道前方有障礙物，如果目前的聲速是 310m/s，蝙蝠飛行的速度是 10m/s，蝙蝠的反應時間要 0.3 秒，請問蝙蝠距離障礙物最短要多少公尺才不會撞到？

3. 觀察不同的加熱條件下，物體溫度上升的速度不同，比較差異。提出可能造成溫度上升速度不同的原因，並且設計合理的實驗來驗證猜想是否為真。

　　以上三種題目的挑戰都具有相當的困難度，都需要學生花費時間與精力才能學會。那麼哪一種才是最值得學生花時間挑戰的題目呢？

　　第一種題目，著重在大量的資料記憶，當然許多平時考的考卷裡面也會有這類記憶性的題目。要將課程中大量資料完全記憶精熟，對許多學生來說已經感到相當困難。

　　第二種題目，著重在良好的解題技巧。這題是出現在物理課程「聲音」單元中，用來認識聲音速度的題目。姑且不論題目中為了計算方便而將聲速設定為 310m/s 的合理性（這個聲速大約是攝氏零下 35 度的聲速，這時蝙蝠應該是不太能飛行的），想要解決這個題目，要先對題目情境做出很好的分析，然後根據題目畫出下面這張圖（圖 1-6）。

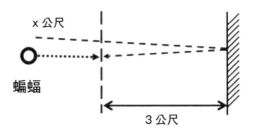

圖 1-6　挑戰二的解題分析

　　要解這道題，必須用蝙蝠飛行與聲音前進的速度、距離和時間的關係來列出算式，才能將答案算出來。這也是一個困難的挑戰。這道題目困難的地方並不是「對於聲音、回聲現象的認識與理解」，而是「如何根據題目列出算式」。

　　第三種題目，著重在獨立思考與探究的能力。這題是物理課程「熱學」單元中，想要討論不同的物體在受熱時，會產生溫度上升的變化，但溫度上升的幅度會受到各種狀態的影響。學生要從觀察中，察覺不同狀態下溫度上升幅度的差異，並提出可能的原因，設計出合理的實驗步驟，進行實驗步驟並收集數據，根據數據提出論述，說明影響溫度上升的因素為何，以及如何影響。最後提出自己的看法，並且跟現行的理論比較對照、討論差異。從上述可以發現，想要解這道題目需要運用整個科學探究的方法論，這對於學生而言是相當困難的挑戰。

用探究式課程奠定公民「科學力」

　　上面這三種題目，呈現出三種不同類型的科學課程。當然，科學課程需要具有難度、具有挑戰，但是教師要怎麼設計課程，才能讓難度與挑戰度更「有意義」？讓學生努力投入的

青春歲月更加「有價值」？如果是我，我會選擇第三種課程，也就是「探究式課程」。

「探究式課程」當然比較困難，但實行上可以是漸進的。就和教授知識一樣，我們也應該從簡單的探究開始教起，逐步提升難度。舉例來說，從小學基本的觀察、體驗、比較、定性的分析討論開始，到國中階段加進去一點定量的分析、連接具體與抽象的思考練習，到了高中階段則加入更多一點的定量分析以及抽象思考的練習。透過學生處在不同的學習階段逐步提升難度，藉由探究來理解自然現象。

當我們在調降課程難度時，通常指的是調降上述第一、二類課程的難度。也就是說，少教一些可以輕易查到資料的記憶課程，少教一些偏離學習重點的計算課程，多出來的時間就可以換來多做一些探究實驗的課程空間。

講到這裡或許有人會問：「調整成著重探究的教學，會不會降低學生程度而動搖國本？」、「會不會讓頂尖人才因為少了許多第一、二類課程的訓練，而輸在起跑點？」

我認為「探究式課程」不但不會動搖國本，反而更適用於一般學生，能讓一般學生的科學能力更加提升，讓他們未來成為更有「科學力」的公民。透過「探究式課程」的訓練，更能

讓未來有可能成為科學家的學生們，奠定良好的研究能力與基礎訓練。

　　進一步的想：難道科學家不需要探究能力？科學家在專業科學知識上，要比一般民眾高出許多，想必在科學研究的探究能力上，也要比一般民眾高出許多才是。對科學家來說，專業知識和探究能力兩者都需要兼具，但對一般民眾而言，可能更需要的是基礎的探究能力，來幫助自己的生活變得更好。

　　國民教育階段的科學課程應該降低大量零碎知識以及無用計算題的訓練，以換取提高基礎探究能力的課程，才能兼顧提升國民基礎科學素養與培育專業科學人才。因此，實施「探究式課程」不但不會動搖國本，反而才是真正提升「科學國力」的教育方式。

用探究補完科學教育

　　是的，「知識就是力量」，我完全同意這句話。但如果有了力量卻不知道如何使用，那還是沒有用。

大量累積知識之後

　　大量累積知識的學習，就像是老師不斷將許多物資堆到學生的家裡，無限度的進行超前部署，卻從不教學生如何使用這些物資。時間一長，學生家裡堆了滿滿的物資，再也塞不下新的東西了。舊的物資也可能因為放得太久，早已找不到在哪裡，甚至早已經過期腐敗。

　　此外，因為這些物資也從來不是學生去外面取回來的，而是老師塞給他的。所以他其實也不知道哪天真正需要什麼的時候，要去哪裡買。是的，「知識就是力量」，而力量就是要練習使用才能夠好好運用，教學不該偏廢任何一邊。

　　其實，中小學的科學教育目標並不在於培養專業科學工作者。就如同前面提到 61 年課程標準及九年一貫課程綱要中所描述的那樣，科學教育的目的應該是要培養學生思考能力與科學態度，讓他們能夠運用科學方法來解決日常生活問題。不管是哪一代的課程標準或綱要，都沒有將中學的課程目標放在「培養未來科學家」，而是要協助學生成為「具有科學素養的公民」。

　　要培養學生成為具有科學素養的公民，要讓學生知道如何取得知識、運用知識以及正確的面對知識，最佳的教學策略，就是「探究」。藉由對自然世界的探究作為起點，在課堂中設計有系統的「探究式課程」，讓學生逐漸學習探究的技能與習慣。也就是真正落實數十年以來科學教育的課程標準或綱要的理念，把原本就該做好的事情做好，就能讓科學教育呈現它原本該有的面貌。

勇敢改變，朝理想的科學教育邁進

　　這樣說，好像一直在批評過往的科學教育工作者，但其實並非如此。

　　與世界其他國家相比，台灣教師的素質一直都是很高的。我很幸運，遇到的老師都很盡心盡力的完成他們的工作。然而教育不只是在教室裡面的事，而是整個社會的事。當過去整個社會瀰漫著「小孩有耳無嘴」的權威觀念時，這樣的關係自然會反映在教學現場的師生互動上。於是絕大多數課堂中反覆上演著相同的互動方式——用「小孩有耳無嘴」的方式教科學。當你無法想像「學生是可以思考、對話和討論」的時候，就無法想像怎麼樣在科學課堂中讓學生思考、對話和討論。

　　時至今日，社會的氛圍顯然已經與過去不同，愈來愈多的聲音在要求、期望教室內能有更多的思辨與探究，更少無意義的過度練習。當社會大眾對教育有愈來愈強烈的期許，教育的走向也必須改變，以回應這個時代的需求。

　　然而改變需要勇氣、需要嘗試錯誤，也需要時間。不可能今天主管機關一聲令下說課程要開始探究，明天大家就知道怎麼做好「探究式課程」。也很難在完全不犯錯的情況下完成改

變。許多老師都小心翼翼的在嘗試：哪些是無意義的練習？哪些內容可以捨棄？怎樣做才是探究？怎樣才能知道學生學會了什麼？對老師而言，這些都是過去從未經歷的事。

正由於老師必須投注非常多的努力，才能建立出新的教學模式。所以也請家長及社會給教育現場多一點時間，讓我們一起把科學教育補完，找出現代科學教育該有的樣貌。我相信在不久的將來，我們將擁有一個能夠有效提升全體公民「科學力」的科學教育。

學習科學，記得要對真理保持10% 的懷疑。科學的出發點是「懷疑」，不是相信。

——小Ｐ老師

Q 孩子對自然課沒興趣，該怎麼幫助他？

　　身為一個科學老師兼老爸，當家中孩子年紀還小的時候，常常會想要幫他買一些積木、解謎之類的「益智」玩具，希望孩子玩著玩著就變得愈來愈有創造力。於是心中不免期待孩子拿到積木後，能夠開心的沉迷在創作之中，發揮出他們與生俱來的創造天性，或許過幾天就可以看到什麼偉大的巨型作品出現在家裡。

　　然而實際情況總是無法盡如人意，每次新買回來的益智遊戲過不了多久就被孩子束之高閣，玩具就只能這麼放著，卻又捨不得丟棄。看著那些塵封閒置的玩具，心中總是感到有點灰心挫折。

　　令我意想不到的是，有一天突然發現孩子竟然主動把那些玩具翻了出來，自己在那邊玩得很開心。看著孩子沉浸於創造活動的身影，讓我反省到：之前孩子不玩，並不是不喜歡創造，而是因為當時他們的心智程度未臻成熟。當孩子的身心成長到某個階段，比較能掌握這些玩具的訣竅後，才能真正從好好的「玩」之中，感受到這些「益智」玩具的樂趣。

不同的學習階段，不同的學習任務

就像幼兒成長過程中，我們會等待他們部分肌肉充分成長之後，才會讓他們進行一些比較激烈的運動。小學操場上的籃球架，總是比標準籃球架低一點；小學生使用的籃球也比標準籃球輕一些、小一些。道理相當簡單，就是因為他們的肌肉強度還不足，如果以大人的標準來要求、希望他們都能做得像大人一樣好，那麼顯然只會揠苗助長。

不過大人有時候很容易就不小心忘記這個道理，總覺得：「這事情很容易啊，只要這樣做就好了。又不是多困難，為什麼你就是做不到？」有些事情對於已經學會的人來說很容易，但對於還不會的人來說，可能還有一百個關卡要克服才行。只要想想會騎腳踏車的人和不會騎腳踏車的人，屁股坐上坐墊之後表現會有多大的差異，就能了解這個事實。

相同的道理也呈現在學習自然科學這門學科上。顯然的，當孩子處在不同的學習階段時，在課程內容上也會有不同的學習強度，因此在 108 課綱自然科學領域綱要中，便依據學生身心發展特性，進行十二年縱向連貫的規劃（圖 1-7）。

第四學習階段
（七～九年級）

本階段課程由具體操作切入後，引進抽象思考連結具體操作

- 能提出問題、形成假說、設計簡易實驗、蒐集資料、繪製圖表、提出證據與結論等科學探究與運算等科學基本能力

- 學習從日常生活經驗中找出問題，並善用生活周遭的物品、器材儀器、科技設備及資源，合作規劃可行步驟並進行自然科學探究活動，以培養分析、評估與規劃、回應多元觀點之基本能力

- 能操作適合學習階段的科技設備與資源，並分辨資訊之可靠程度及合法應用，以獲得有助於探究和問題解決的資訊

第三學習階段
（五～六年級）

本階段課程除透過具體操作經驗外，應漸次提供運用思考能力的機會，亦應延續具體操作，提供學生閱讀科普文章之機會

- 能依據觀察、閱讀、思考所得的資訊或數據，提出自己的看法或解釋資料，並能依據科學資料，簡單了解其中的因果關係，進而理解科學事實會有其相對應的證據或解釋方式

- 利用簡單形式的口語、文字、影像、繪圖、模型、實物與科學名詞等，表達其發現或成果

第二學習階段
（三～四年級）

本階段課程主要目標在於引發興趣，故著重觀察與親身體驗

- 能透過想像力與好奇心探索科學問題，並能初步根據問題特性，操作適合學習階段的物品與器材，以進行自然科學實驗

- 能測量與計算自然科學數據，並利用較簡單的方式描述其發現或成果

圖 1-7　各學習階段學生的自然科學學習特性
資料來源：十二年國民基本教育課程綱要

　　舉例來說，在第二學習階段，也就是小學三、四年級階段。可以看到此階段的目標是在「引發興趣」，著重在「觀察與親身體驗」。因此在這個階段的課程，不應該有什麼自然公式、定律，或甚至太多記憶背誦的知識，而是應該提供孩子許多接觸自然科學的機會，鼓勵他用不同的感官去感受。重點是讓孩子產生對於自然界的好奇與興趣。

　　在這個階段的學習過程中，孩子可以學會使用一些工具來進行測量或計算測量到的數據。但這邊的「計算」不是指考卷裡面那種計算題，而是在觀察或測量自然現象時必須運用到的計算。例如觀察月相時，透過測量每天晚上固定時間時月亮的仰角，就可以計算每一天的月亮仰角會增加多少。最後，讓孩子運用多元的方式，例如用說的、畫的或各種方法來陳述自己的發現或成果。

　　第三學習階段，也就是國小五、六年級。可以看到此階段的學習還是以「具體操作經驗」為主，但逐漸提供孩子運用思考能力的機會，同時增加閱讀的廣度。也會讓孩子去認識一些科學本質，像是科學事實會有對應的證據或解釋方式，避免毫無根據的臆測，注重實證證據與合理的邏輯推論等等。

　　到第四學習階段，也就是國中階段。可以看出這一階段在培養孩子的思考能力上，還是要從「具體操作」切入，才引進抽象思考；

抽象思考是要和具體操作做連結的。到了這一階段，孩子要能培養起比較完整的發現問題與解決問題的能力，運用器材解決問題，以及能分辨資訊的可靠程度。

不同的學習階段，不同的教學引導

孩子在三個階段的學習特性各有不同，我們在課程規劃及教學引導上，自然必須因應孩子的發展而有所不同。

國小中年級階段的孩子才剛開始進入科學學習，應該從很具體的、可以看得到、摸得到、感受得到的自然現象切入，讓孩子透過觀察，探問各種問題。小心呵護他們的好奇心是很重要的，沒必要在這個階段就用許多制式的、有標準答案的考題，讓他們與真實的自然分隔開來。

等孩子到了國小高年級，隨著年紀的增長、思考能力的逐漸發展，運用的科學方法隨之加深，也逐步加入抽象思考成分。等孩子成長到了國中階段，就必須帶領他建立將具體操作與抽象思考相互連結的能力。

有許多科學知識是非常抽象的，例如原子與分子、熱的流動、牛頓的物理定律、電壓與電流等等。這些在國中課程中都是直接以

理論方式來做介紹，但是當學生缺乏實際探究與體驗時，這些內容對他們來說就會倍感困難。學生往往會覺得國小自然和國中理化之間存在著一道明顯的鴻溝，難度似乎突然增加非常多。這時我們若能先讓學生先對這些自然現象有足夠的體驗，然後再切入抽象理論的講述，就能夠幫助學生更容易理解。

如果能進一步加上適當的探究式課程設計，讓學生不只是體驗現象，而是從現象的觀察中產生問題，並且引入科學方法進行探究，這麼一來不僅能幫助學生更深入認識這些科學主題，同時也是在重複學習這些探究方法。科學的學習不只是要學習科學知識而已，探究的技術、接收與輸出訊息的能力也都同樣重要。

等到孩子邁入第五學習階段，也就是高中之後，課程中才會加入更多的微觀、運算與理論推導。也就是說，從國小三年級到國中八年級，當孩子累積了六年扎實的科學知識、操作與思考技能訓練，以及對科學本質的理解之後，才會進入更深入、更抽象的思考與運算。

陪伴孩子走在學習成長路上

我們都知道，學習無法一步登天，科學更不是一門容易學習的

學科。太早把科學艱深、抽象的那一面放在學生面前，只是讓他們早早就把科學束之高閣、決心未來不再接觸科學而已。在不同的學習階段，提供適合學生認知能力的課程，才能讓他們在科學課程中獲益。

對於家長來說，在陪伴孩子學習的路上不需要著急，更不應該揠苗助長。把握和孩子相處的時光，善用大量的陪伴與對談，以探詢的態度共同觀察生活中隨處可見的自然現象。不用急著找到所謂的正確答案，也不用急著讓自己的孩子變成天才。隨時保持開放的態度，扮演理解的角色，提供支持與支援，陪伴孩子好好的經歷與完成每一個學習階段。能夠好好的走，才可能好好的飛。

PART

2

探究
是怎麼練成的？

「探究」就是要做很多實驗與實作？

「探究式教學」一定要靠正課之外的 STEAM 課程？

為什麼教學已經調整了，學生卻依然找不到專題題目？

教學生探究會不會讓學生成績變差？

本篇將破解教師常見困擾的癥結及背後迷思。

在探究的旅程開始之前

對我而言，「科學探究」是很博大精深的，怎麼學也學不完，因此本章標題雖然定名為「探究是怎麼練成的？」，然而說「練成」是太誇張了。但是和剛當老師的我相比，歷經十幾年來的練習「科學探究」，還是讓我進步不少。

當老師以後，我和許多老師同樣意識到知識上、技術上和心理上有種種困難要克服，於是在過程中開始慢慢學習「怎麼探究」以及「怎麼教探究」。近幾年則因為有比較多的機會開設研習課程，關心的課題又從「自己怎麼教探究」延伸到「怎麼教其他老師教探究」。

這些經歷逼得我不斷去思考「科學探究」的想法與做法。過程中也不斷被許多人質疑和挑戰：

◉ 「考試這麼重要，以探究為主體的科學教育可以應付考試嗎？」

◉ 「中小學生有能力進行探究嗎？」

◉ 「科學知識如此重要，怎麼可以捨棄任何內容？」

　　我在這諸多的對談中，一次又一次釐清自己的想法，察覺自己在科學探究架構中還沒弄清楚的部分。為了要上台講解，逼自己想辦法把問題弄清楚，透過思考與課堂實踐後再把經驗整理、分享出來。果然，要學好一項能力，最快的方式就是去教別人啊！

　　這一章，我想用一些篇幅來談談自己這段過程中，曾經遇到哪些困難，曾經度過哪些心理上的障礙和轉折。我試著將這些經驗和想法整理出來，希望可以幫助教師們釐清一些想法，或許讀者也能從這些歷程當中，得到啟發或鼓勵。

科學課為什麼要做實驗

　　雖然在中學時做過的實驗並不多，但不知為何還是在我心中深深烙印一個印象，那就是：科學課程理所當然應該要做實驗吧！於是多年後，當我參加教師甄試，當面試官問道：「資優班課程如果要你指導學生做專題或科展的話，有沒有問題？」我的回答是：「自然課本來就是要做實驗、做專題的啊。」那時的我其實對「實驗課該如何進行」、「專題課程該怎麼帶」根本沒什麼概念，但就是理所當然的認為，科學課就是應該要做實驗。

對「實驗課」的誤解

當時我對「實驗課」的理解就是：按照課本的步驟做實驗，然後「做」出課本聲稱的結果。這就是所謂的「食譜式實驗」，也就是說，這些實驗課程並不是要解決某個令人疑惑的問題，而是要證明課本上的理論是對的。當時對初任教師的我來說，實驗課確實就是扮演這樣的角色：學生有動手做實驗，才會印象更深刻。當時的我還認為：

- ◉ 所有考試卷上的題目，都只有唯一的正確答案。
- ◉ 所有的實驗，都只有唯一的正確結果。
- ◉ 所有的實驗結果，也都只有唯一的正確解釋。
- ◉ 做完這些正確的實驗之後，就可以幫助學生在考卷上選出正確的答案。

循著這樣的思路，所以我不僅會帶學生在課堂中操作課本上的實驗，也會試著收集一些比較有趣的實驗帶著學生操作。課程進行方式大致如下：

- 一開始由老師宣告今天的實驗要做什麼,讓學生了解實驗器材與步驟。
- 確認學生知道實驗的安全性之後,讓學生進行實驗操作。
- 學生做出「正確」結果後,老師用正確的理論來解釋實驗結果。

當學生成功做出正確結果,有時我會試著請學生提出解釋,但是我卻發現,對我來說,每個實驗結果都有明顯而正確的解釋方式,對學生來說,提出解釋卻是非常困難的事。更令我驚訝的是,學生不時會提出一些聽起來完全錯誤的解釋,離譜到讓人不禁懷疑:「他是不是在故意干擾上課?」

當實驗結果與課本上寫的不一樣

不過更常見的情況,是學生完全依照課本的規範做實驗,但做出來卻和課本上寫的標準結果不同。例如,由兩個電池去點亮兩個並聯的燈泡,電路圖可用圖 2-1 表示。由於兩個燈泡是相同的,所以理論上兩個燈泡會一樣亮。若我們拆除其中一

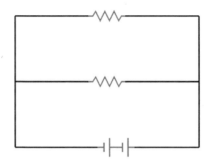

圖2-1　科學的探究歷程

個燈泡的線路讓電路斷掉，這時理論上，另一顆燈泡不會受到影響，因此亮度會維持不變。

　　這類計算電路亮度的題目是很基本的計算題，答案也跟我讀國、高中時代一樣完全沒有改變。某一年，當我進行這個單元的課程時，就自然讓學生操作這樣的實驗。學生們依照電路圖把一個電池和兩個並聯燈泡組裝起來，變成實際的樣子，會發現兩個燈泡一樣亮（圖2-2），到目前為止都跟我知道的理論相符。

圖 2-2
兩個燈泡並聯時
兩顆燈泡呈現一樣的亮度

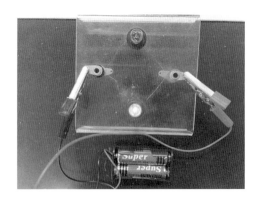

圖 2-3
當上方燈泡鬆開形成斷路時
下方燈泡明顯變亮了

　　但是當他們拆掉一個燈泡，讓線路斷掉時，卻發現另一顆燈泡明顯的亮起來了。這個亮度的差異已經大到無法用視覺上辨識的誤差來解釋（圖 2-3），而且每一次做都有相同的結果，也就是「再現性」非常明顯。在更換不同的燈泡、電池、電線後亮度的確會有不同，但相同的是，每次只要拆掉兩個並聯燈泡中的其中一個，另一個燈泡就會明顯變亮。

　　除了這個例子以外，還有許多次學生在實作時，發現的結果和我知道的理論有很大的差異。有時候，即使經過一再的思考，我也無法用我過去在考場上百戰百勝的理論來解釋學生的實驗結果，這對我這位曾經的「考試勝利組」造成很大的衝擊。難道是以前學的理論有錯嗎？難道科學真的是「理論歸理論，實際歸實際」嗎？那這樣的理論還有價值嗎？……。

　　進入國中自然科教學現場後的我才猛然發現：「真實的實驗世界」和「我自以為的理論」之間有著極大的差距。很久之後我才了解，並不是理論有什麼錯，或是存在理論與實際不符這樣的問題，而是我並未真的了解理論，也並未真的了解真實，更不了解理論與真實之間的連結，才導致這些衝突。

　　以上述電路的例子來說，若把圖 2-1 的電路圖中的其中一個電阻截斷，確實不會影響另外一條電路的電流大小；以實際

實驗來說，拿掉一顆燈泡，也確實會讓另一顆燈泡更亮一些。理論和實驗都是正確的，錯誤出在：我們以為把電池和燈泡這樣接起來，就會和電路圖完全相同。

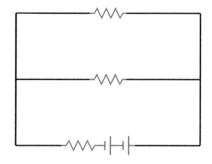

圖 2-4　燈泡與電池實際連結時，真實的電路圖

實際上，如果我們用這個方式連接電路，由於電池內部存在還不算小的內電阻，所以其實真正的電路圖應該是像圖 2-4 這樣。如果是這樣的電路圖，那麼確實把其中一個燈泡拿掉之後，另一個燈泡就真的會變亮。我們可以很容易的用歐姆定律和電功率的理論計算出來，理論並沒有錯。但是在缺乏實驗經驗的時候，我們就沒有機會檢視理論和實際狀況的差異，去找

出自己學習的盲點。

從「能夠選出正確答案」到「能夠真正了解」

上述這些震撼教育都來自於一個原因，那就是：當我們接受了那種一路通暢的邏輯去解釋一個自然現象時，就會自動忽略在思考道路上諸多其他合理的可能性。特別是像我這樣的「考試勝利組」，對於這些其他可能性往往想得更少，而非更多。直接接受標準答案的指引，而不是去挑戰它的時候，通常是更容易拿到高分的。

但是當我要指導那些還站在原點的學生時卻發現，他們常常可以很明確的看出其他其實「很合理的可能性」，如果實際進行實驗，他們甚至會發現那些「合理的可能性」很可能是正確的，只是我們的考題為了某些原因而把那些可能性略去不提而已。

我所感受到的震撼，不僅僅是來自於原來我並不夠熟悉這些東西，或是原來我並不是真的了解，更來自於：我為什麼從來沒有思考過那些其他的可能性？我是從什麼時候開始不去問問題？不試著思考：「是這樣嗎？」、「如果我改一下設定，

結果還是一樣嗎？」、「會不會除了這個解釋之外，還有其他解釋也是正確的？」、「我們要如何去釐清這諸多合理的解釋中，最後怎麼找出那個最正確的？」

事實上，很多的現象其實都像「玻璃罩住蠟燭燃燒，讓水吸起來」的實驗一樣，實驗結果會受到許多因素的影響。一個實驗結果是多個因素共同造成的，沒有經過抽絲剝繭的釐清、把變因控制好，就對實驗結果驟下結論，並不是面對科學應該有的態度。

從扮演「全知者」到「探究者」

前一章我曾提到，我曾因為一場研習，修正了我對於蠟燭問題的想法。研習中除了討論蠟燭實驗的問題之外，還有氣體擴散等好幾個主題。每一個主題都確實是我原本以為正確，但其實是錯誤的觀念。當下我不禁思索：中學自然科課堂中的科學觀念那麼多、範圍那麼廣，自己真的有可能把每一個觀念都研究透澈、鑽研清楚嗎？我覺得這幾乎是不可能的任務，更遑論是讓學生把每個觀念都學正確。

　　在課堂中，我們也早就發現老師不可能回答學生所有的問題，許多問題學生問得很好，但老師就是不知道怎麼回答。在探究的課堂中，學生有機會發現的問題範圍更大、數量更多，當然會發生的隨機狀況也是千奇百怪。老師不可能扮演無所不知的角色，正因如此，承認自己知道的不夠多，並且在課堂中與學生共學、共同精進，才是現代的老師應該扮演的角色。

　　因此，如果不可能把所有的科學都弄對，那就教學生把科學弄對的方法。所以，光有實驗、實作是不夠的。實驗或實作，如果只是在輔助老師的講解，讓學生更相信老師的說法或者讓印象更深刻，是不足以幫助學生培養能力去面對未知的。實作之外，更必須探究，而科學探究就是以科學的方法和思維去釐清未知。探究其實才是科學教育的本體，實驗實作只是探究過程中必要的技術之一。有實作未必有探究，有探究未必需要實作。

我們應該教導「正確」的科學觀念嗎？

　　身為一個科學老師，在教授科學知識的時候，當然是要想辦法力求正確，深怕有一些觀念或知識講錯了，會讓學生因為這些錯誤，導致未來學習上的阻礙，甚至是影響了他一輩子。所以在教導科學知識時，總會想辦法讓學生說出來的內容是正確無誤的。在剛開始當菜鳥老師的前幾年，我覺得這件事情並不困難。從國中、高中、大學到研究所的長期投入，相關知識早已反覆練習精熟，要應付國中科學課程可說是綽綽有餘。更何況那些早已了然於胸的「必考題」和它們的「標準答案」，在我國中畢業十多年後依然沒有改變，所以我有信心能在知識的正確傳達上做得很好。

　　如同前面提到的，在帶學生進行一些基礎實驗操作的過程

中，有時會突然驚覺：怎麼實驗結果和我所知道的理論值或考卷上的標準答案不一樣？後來又因為幾場探討「課本中常見的錯誤概念」研習，讓我發現有些自己深信不疑的科學概念其實是錯誤的。

　　當時，這樣的發現讓我極其震驚！這些從小反覆學習並且信奉為真理的科學知識，怎麼可能有錯？那麼在我的教學歷程中，是不是還有許多概念也是錯的而不自知，甚至將這些自以為正確的錯誤概念傳遞給我的學生呢？這樣的感覺困擾我很長一段時間，但同時也讓我開始思考以下課題，並萌生一些不同的想法：

◉ 科學老師真的有辦法把所有知識都理解正確，並且正確傳遞給學生嗎？

◉ 就算老師能做到，學生有辦法把所有知識都學對嗎？

◉ 追求「絕對正確」的同時，會不會其實犧牲了什麼別的事情呢？

　　例如國中生物課會談的「擴散」觀念，在說明化學物質在細胞間傳遞時，是運用分子擴散的方式來進行的。為了要讓學

生了解擴散觀念，許多老師在課堂上會舉例：「在教室的角落，有人剝了一顆橘子。沒過多久，全班都會聞到橘子的味道」，或是「把一個方糖丟到裝有水的杯子中，方糖會沉入杯底，但只要等待夠長的時間，糖會全部溶解，並且整杯水都會變得一樣甜」。上述例子都在說明：這些看不到的分子會因為自由運動的關係，從濃度高的地方往濃度低的地方跑。老師通常會藉由這樣可以巨觀感受到的現象，來說明抽象微觀的粒子運動概念。

但是在 2005 年的《物理雙月刊》中，陳義裕教授撰寫了一篇文章〈賭博、擴散與擴散實驗〉。這篇文章很棒，把擴散這件事情講得非常清楚，也釐清許多關於「擴散」作為科學專有名詞時的錯誤概念。像是前述談到的「橘子味道」或是「糖的擴散」，其實都是錯誤的舉例，因為單靠擴散的話，粒子傳播的速度太慢了，無法在短時間內跑這麼長的距離。這些粒子要在短時間內傳播這麼遠的距離，靠的不是擴散，而是像粒子流動等其他因素。看懂陳老師的文章之後，讓我澄清過去對於「擴散」舉例上的誤用，也對於這個科學專有名詞更加理解。

物質的組成原子或分子隨時都在振盪與運動，由於粒子具有體積，所以它們在運動途中可能與別的粒子相碰撞而改變運

動方向，就像遊樂園中的碰碰車那樣。分子會通過隨機運動從高濃度區域向低濃度區域傳播，也就是說即使完全靜置的狀態下，粒子還是會隨機運動，濃度最終也會慢慢達成均勻。

　　但是我心中卻立刻浮現一連串新的疑惑：這真的是我們原本要教學生的內容嗎？這些內容學生能夠聽懂嗎？我們真的必須在國小、國中階段，跟學生釐清什麼叫做「隨機運動」、說明隨機運動下每個分子的「平均自由徑」等觀念，才能夠講「擴散」嗎？一定要告訴學生「這個情況才能叫做『擴散』，那個情況叫做『逸散』，另外一個情況叫做『○○』，然後還另一個情況又不一樣，要叫做『××』」嗎？

　　「擴散作用」是科學上的專有名詞，在科學的對話中，對於專有名詞的定義必須非常嚴謹，這個我們可以理解。但是在教學的對話中，刻意要求科學對話的嚴謹，卻可能會讓對話無法進行。我們在科學上對話的要求，是否就等同於我們在科學教育現場對話的要求？每個學習階段的對話要求，會是相同的嗎？

　　在科學教育中要求知識或用語上的正確，我當然認為是對的。但是如果追求「正確」會造成學生學習上的困難，那該如何取捨？到底要多正確才是正確，在科學上我們真的能夠保證正確嗎？「錯誤的」科學概念就一定會阻礙學生學習科學嗎？

多正確才算正確？談精準度與完整度

更根本的問：什麼是正確？科學就等於正確嗎？在科學教育上，應該要「多正確」才算正確？什麼叫做「多正確」，不就是「正確」和「錯誤」兩種嗎？有時候正確與否，其實是「精準」或「完整」與否的問題。

例如，我們在中學階段理解的「呼吸作用」是這樣的：

$$葡萄糖＋氧 \rightarrow 二氧化碳＋水＋能量$$

但實際上葡萄糖在生物體中氧化，需要經過超級複雜的化學反應。下面這張圖中就呈現出較詳細的呼吸作用的過程，其中 C6 代表葡萄糖，C1 代表二氧化碳。從葡萄糖到二氧化碳，從上面的反應式看起來是一個步驟，實際上經過的步驟卻是非常複雜。（圖 2-5）

我們在中學階段對於呼吸作用的理解，事實上就是經過簡化的簡單版反應過程。不知道會不會有老師抗議說：「這是錯誤的！怎麼可以教學生這麼粗略的內容？這樣他們一輩子覺得呼吸作用就是這麼簡單的話，怎麼辦？」也許真的有一些老

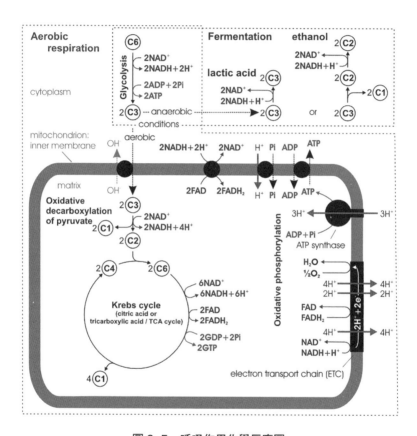

圖 2-5　呼吸作用化學反應圖

資料來源：Wikimedia Commons（https://reurl.cc/Nrq3mp）

師堅持一定要搬出完整的呼吸作用圖,來教學生學會「完整正確」的科學。

再舉一個例子,如果我說:「水的氫離子和氫氧根離子濃度相乘是 1×10^{-14}。」你覺得這說法是對的還是錯的?

- 有人說:「對啊。」
- 有人說:「不對,應該要說在室溫攝氏 25 度的時候,才是 1×10^{-14}。」
- 有人說:「不對,攝氏 25 度的時候,是 1.008×10^{-14},攝氏 22 度的時候,才是 1.00×10^{-14}。」
- 有人說:「不對,即使在攝氏 22 度的時候,也不是這個數字。正確來說應該是 $1.00\cdots\cdots\times10^{-14}$。」

你是否也覺得這樣的討論好像沒太大意義?「水的氫離子和氫氧根離子濃度相乘是 1×10^{-14}」是對還是不對,其實就看我們想要做什麼。這樣的描述在大多數時候一點問題都沒有,我們根本不需要在意千分之八的差距;但在精密的化學實驗中,這千分之八或許會變成難以接受的龐大誤差。在我們沒有談清楚你想要做什麼之前,無止境的追求精密度是沒有意義

的。就像在測量上，如果一個工廠要製作一條手機充電線的頭，這時對充電頭規格誤差的要求，恐怕就要低於 0.1 公分以下才能及格；但我們在測量 100 公尺跑步比賽的跑道長度時，大概精準到 1 公分也就已經足夠。

我們在測量上不會無止境的要求精密。要多精密，取決於我們測量的目的為何，不同的目的就會要求不同的精密度。教學上不也是如此嗎？不同的教育階段有不同的目標，也應該要設定不同知識傳遞的精準度與完整度。

「正確性」與「可傳達性」之間的拉扯

上述的例子，好像在談「精準度」與「完整度」，而不是「正確性」。接下來，我們就真的來談一下正確性的事情。

在微觀的世界裡，我們會說「物質由原子組成」。這個原子論的觀點，是費曼先生認為：如果這世界要毀滅了，只能留下一個科學概念給後世的話，他會選擇的那個觀念。由此可知它的正確性。

在國中階段會介紹道爾吞（John Dalton）的原子說。後來一直到拉塞福（Ernest Rutherford）提出的原子模型，作

為最後對於原子內部結構的描述，才逐步修正道爾呑的說法。最後留在學生心中「正確」的原子模型，大致上是像圖 2-6 這樣。事實上，這比較接近後來波耳（Niels Bohr）提出的模型：電子會依特定運行軌道繞著原子核運行，有點像是行星繞著太陽公轉那樣。

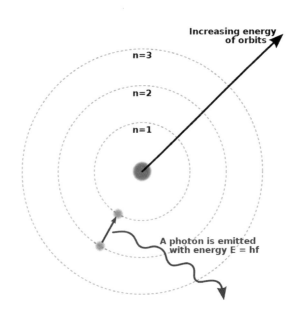

圖 2-6 波耳的原子模型
資料來源：Wikimedia Commons（https://reurl.cc/2rLZ4m）

　　但我們也都知道，這個模型有嚴重的錯誤。電子雖然是被原子核束縛在某個範圍，但電子實際上不會繞行原子核，也沒有特定的軌道。電子比較像是一團雲霧，會以特定的機率出現在某個位置（也可能同時間出現在好幾個不同的位置），然後消失並出現在別的位置。我們只能用機率來描述電子，而不能用巨觀的想法，覺得電子是一個連續運動的物體。事實上，用「波」來描述電子恐怕是更正確一些的。

　　我們都知道拉塞福或波耳的原子模型是錯誤的，和已知的事實並不相符，但我們還是會很認真的教學生行星原子模型，作為國中科學課程相關知識的終點。我們為什麼刻意去教已知錯誤的知識？為什麼不去教正確的電子雲機率的觀念？老師一定知道答案：「因為那太難了，學生聽不懂啊！」

　　所以，教師本來就會在課堂上，在「正確性」與「可傳達性」兩者之間的拉扯中做出選擇。我們不會完全犧牲正確性，但本來也就不會把正確性拉到無限上綱的地步。做出適當的選擇，是教師專業的能力之一。科學研究上，追求最高的正確性是合理的；但在課堂上，為了追求最高的正確性而造成可傳達性變得極低，就不見得合理了。

「錯誤的」理論未必會阻礙科學發展

當「正確」反而成為阻礙學生學習的原因,這時應該怎麼辦?反過來說,「錯誤的」科學概念確實很糟糕,但一定會造成很大的傷害嗎?其實不見得。科學上有許多「錯誤的好想法」,雖然是錯的,但對科學的發展幫助很大。

例如科學上其實花了很久的時間在認識「熱」。過去很長時間中,人們認為熱是一種沒有質量、會流動的物質,稱為「熱質說」。但隨著科學的發展,熱質說是早已被淘汰的錯誤觀念,比較正確的是用物質粒子運動來描述的「熱動說」。

然而即使到了今天,我們對於熱的觀念有大部分仍然是以「熱質」的想法去思考的。例如,我們習慣這樣描述熱:「兩物體接觸時,熱會從高溫的物體流向低溫的物體。」這樣的說法,不是就很像把熱變成一種物質嗎?我們並不會這樣說:「兩物體接觸時,高溫的物體粒子振動較為劇烈,放出的輻射熱也比較強,因此跟低溫物體接觸時,振動劇烈的粒子就會碰撞到振動較溫和的。因此就可以讓後者振動變得更劇烈……。」換言之,雖然我們知道熱動說才是對的,但是在講解熱學時,大部分的人都不是把熱與分子運動連結在一起,而

是把熱當成一種物質去談。其實「熱質說」的思考模型，可以幫助我們去理解非常多的事情。

　　通常建立模型之後，會從相對較簡單的模型模式去思考自然模式。這樣的思考策略可以幫助我們理解自然界，當然也可能造成一些誤解，幾乎所有模型（也就是將複雜的事實簡化後的思考模式）都會有這類的問題。但這樣的錯誤是否會阻礙科學發展？反而不會！一個好的模型，即使是錯誤的，也會推動科學前進。

　　在「熱質說」依然盛行的年代裡，瓦特（James Watt）改進了蒸汽機、傅里葉（Joseph Fourier）建立熱傳導理論、卡諾（Nicolas Léonard Sadi Carnot）從熱質傳遞的物理圖像及熱質守恆規律得到「卡諾定理」。上述成果把科學和科技往前推進了一大步，但它們所依據的卻是錯誤的熱質理論！直到十八世紀侖福德伯爵（Benjamin Thompson）在製造大砲時，發現用鑽頭鑽磨砲管時會產生大量熱量，但此現象並無法用「熱質說」來解釋，證明了「熱質說」的謬誤，「熱質說」才逐漸被「熱動說」所取代。

教室裡的抉擇

　　錯誤的科學理論會不會阻礙科學發展？當然會！但是好的錯誤理論也常會幫助科學發展，同時也會幫助學生思考。何況錯誤的科學理論是不可能避免的，我們永遠是在錯誤中慢慢學習與修正。

　　對於學生而言，現在已知的正確知識當然很重要，但是如果為了科學未來的進展，更重要的是侖福德伯爵的眼光，不是嗎？全世界不會只有他在鑽砲管，為什麼只有他意識到「熱質說」跟眼前現象的衝突？也正是因為他具有觀察、思考、進行實驗、提出觀點的能力，才是真正推動科學前進的動力。

　　對科學老師而言，力求自己的科學知識正確，是毫無疑問且需要精進的。但另外一件教學專業，就是對教學內容的取捨。當然，最佳的情況是，老師既能講得正確，又能講得讓學生聽得懂又能吸收。但是有時候就是做不到。

　　好的錯誤觀念，會不會阻礙學生的科學學習？當然會！但是如果「正確觀念」阻礙更大呢？教導好的錯誤觀念，學生將會在未來某個時間點遇到阻礙，但或許他永遠也碰不到這個阻礙；或者在他未來能力更好的時候，會更有能力去克服那些阻

礙。或許某一天，學生會知道電子並不是以軌道的方式繞行原子核，而是以奇怪的機率形式出現。但學生有沒有能力拋棄過往過度簡化的錯誤模型，接受比較複雜且更正確的模型呢？

在科學的教與學之中，比力求科學知識正確更重要的就是：讓學生理解，學習科學的歷程中，自己的經驗永遠會把你以前學的東西打掉重來，永遠會告訴你下一個更好的理論是什麼。如果我們教導學生把國小、國中學到的理論當作最後的終極理論並緊握不放，那代表他未來學會更新、更好的理論的可能性也更低了。

老師除了要讓學生學會科學知識，也要讓學生理解科學理論的猜測性與暫時性。任何在課堂中傳達出來的理論，都是值得學習、值得相信，但也隨時可以被更好的理論取代。這不僅是一種重要的科學素養，也是「探究式課程」想傳達的重要觀念之一。

「小孩子才做選擇，大人全都要」，這句話在網路上很流行，但就教學的角度來看卻是恰好相反。小孩子不明白諸多條件限制及所需付出的代價時，往往會想要全部都要；而大人則必須根據專業與現實，果決的做出捨棄與選擇。

　　身為科學知識的傳遞者，「正確性」當然是我們所殷切追求，但未必是無限上綱、全然不可挑戰的唯一價值。在追求「正確性」的同時，往往也需因應科學知識的「暫時性」、「不確定性」而做出妥協，並且設法兼顧科學知識的「可傳達性」，才能達成知識傳遞的使命。在課堂上的取與捨之間，是科學教師無法迴避的抉擇，也是專業能力的展現。

探究，
得先退回到無知的位置

　　打定主意要在課堂中納入「探究」時，最開始可能會遇到的問題就是：「有哪些問題是可以探究的？」、「這些問題不都有很明顯的答案了嗎？」就像我們在帶學生做科展或專題的時候，遇到最困難的問題永遠是：「有什麼題目是值得做的？」

為什麼大家總想不到要探究什麼

　　有句話說：「大自然充滿著奧妙，永遠也探索不完。」或許這句話是錯的，要不然我們為什麼總覺得所有問題都已經有答案了呢？又或者，其實是我們自己弄錯了些什麼，把自己關

在一個小房間裡面，試著探索完小房間裡的事物後，就覺得
世界已經沒什麼好探索的了。據說，牛頓晚年曾對他的小姪兒
說：

　　我不知道這個世界將來怎麼看我。對我而言，我只像海灘
邊玩耍的男孩，偶然間發現一顆比較圓的石頭、一個比較漂亮
的貝殼，就覺得很愉快。但是在我前面，尚未被發現的石頭、
貝殼仍然多如大海。

　　這世界理應充滿驚奇，像那遍布著美麗貝殼、石頭的廣闊
海灘，令人眼花撩亂，充滿興奮的想要探索關於它的一切。但
我們為什麼就是覺得：「有什麼問題是可以探究的？」

　　記得以前在高中和大學時學習「熱功當量」，印象中老師
告訴我們有一位科學家名為焦耳（James Prescott Joule），
他設計一個神奇的裝置，實驗後得知一卡等於 4.18 焦耳。接
著老師叫我們把這個公式記起來：

$$1cal = 4.18J$$

　　然後就讓我們開始練習一些計算題，例如：「假設有一個一公斤的鐵鎚，以 25km/hr 的速度敲擊放在地上，重量為 100g 的銅塊，銅的比熱為 0.093cal/g℃，假設敲擊的力學能中有 50% 轉變成銅塊的熱能，請問銅塊的溫度會上升幾度？」然後呢？沒有了，就這樣。最多就是給我們更多的例題練習而已。

　　為什麼科學教育會被簡化成：教一個公式、關係式，然後熟練它；如果時間還夠，那就把它反覆操作得更熟練一點。這裡說的不是把這件事情理解得更深入一點，是把計算操作得更熟練。我還記得當時自己的想法：就是一個單位換算的問題而已，為什麼要搞這麼多題目？還要特別取個名字叫做「熱功當量」？

　　我不知道焦耳為什麼要研究這個，也不知道他為什麼會想到設計這樣的裝置，更不知道他這個研究對科學界有什麼貢獻。不知來龍也不知去脈，只知道結果。這種「去脈絡化」的教學，讓學生不知道科學家們看到什麼？想到什麼？提出什麼問題？為什麼他會想提出這個問題？他曾經嘗試哪些方式？怎麼失敗的？怎麼調整他的做法？最後怎麼成功的？相反的，圍繞在學生身邊的是一大堆的計算與答案，但是沒有「問題」。

有一天，當我向學生提到「熱功當量」時，猛然想到：這個理論的發現，確認了「熱」和「作功」兩個原本截然不同的觀念，其實是互通的，並且用實驗確認：兩個獨立設定出來的物理量之間轉換的關係式。原本我們對於拖拉一個物體，是用動能、位能與作功的方式去理解物體運動現象的變化，我們稱之為「力學能守恆」。但力學能守恆在實驗上，一旦牽涉到摩擦力與熱能的時候，看起來就不守恆了。直到焦耳提出「熱」與「功」是可以轉換的之後，力學能守恆觀念才有辦法拓展到能量守恆。

這讓我想起費曼在《費曼物理學講義》中談能量守恆時，所講的「淘氣丹尼斯」故事：

丹尼斯有 28 個相同、不會損壞且不能被分割的積木，每天結束遊戲之後，丹尼斯會把積木收納在一個房間裡。有次，丹尼斯的母親好奇的數了數積木，發現只有 27 塊在房間裡，她找了找，終於在地毯下找到少掉了的那一塊積木。又有次，她發現積木竟然有 30 塊！原來是隔壁的布魯斯爬過窗戶進到屋子裡和丹尼斯玩耍，並留下了兩塊在家中。不論母親發現的積木是增或是減，必定有其來源，不可能憑空多出或少了積

木，正如同能量一般。

現在想想，焦耳其實就是其中一個找到遺失積木的人。他不僅把「熱」這塊積木找到了，還將積木拼回能量守恆這個系統中。同樣的，如果老師在教學的過程中，除了教學生最後那個「1cal=4.18J」的公式之外，還能含括問題發生前和發生後的故事，讓學生能對整件事情更加清楚，這樣一來，學生除了對科學和科學家產生更多敬意之外，也能在過程中學習到科學家怎麼問問題，也更有機會在學習時激發更多的疑問與創見。

探究，得先退回到無知的位置

對我來說，一開始設計「探究式課程」要做的事，就是要「先假裝自己不知道答案」。這件事情說起來容易，做起來卻相當困難。

「水就是 H_2O，有什麼好問的？電解質在水中就是會解離變成正負離子，不是理所當然的嗎？」、「電子當然就是在原子核外圍跑來跑去，吸收特定能量就會躍遷（transition）啊。要產生電，也理所當然的就是要靠兩種不同金屬的電位差

異才行。」過去的我也會覺得這類說法理所當然，根本沒什麼好質疑的。

　　1791 年，義大利醫師賈法尼（Luigi Galvani）根據他的解剖青蛙實驗，提出「動物電」的觀念。他認為解剖刀觸碰青蛙神經時產生的火花以及青蛙腿抽搐的現象，是因為有「電」的產生，而電的來源來自於青蛙腿。而另一位義大利科學家伏打（Alessandro Volta）則是認為，電來自於解剖過程中的不同金屬。

　　「這很明顯不是嗎？有什麼好說的？電當然是來自於不同金屬，大家都知道吧！假裝不知道這件事情，看起來不是很笨嗎？」一開始我就是這麼想的，所以教學時就直接告訴學生：「有一位賈法尼醫師舉出笨笨的『動物電』觀點，而另一位聰明科學家伏打則提出正確的『金屬電』觀點。」

　　剛開始當老師的我，就是對這些科學發展的歷程如此無知、自大、且毫無敬意。實際上，賈法尼不但對伏打的研究有啟發性的貢獻，也經由研究確認電在神經與肌肉間的作用，因而開啟了整個電生理學的研究。但是在我們的教科書中，彷彿賈法尼只是一個提出錯誤觀點的醫師而已。

　　當我試著讓自己身處於 18 世紀，在不知道賈法尼和伏打

誰對誰錯的狀況下，查閱當時的科學史資料，就愈來愈覺得賈法尼在當時的情況下，能提出「動物電」的觀點真是很了不起。而伏打能在這樣一個強力的觀點之後，還能提出自己截然不同的見解，更是不簡單的事！如果身處在當時聽完兩個人的不同觀點後，我能不能分辨誰比較正確？我能不能經由什麼樣的實驗，來推論誰對誰錯？當我開始讓自己處於無知的狀態，檢視自己知道些什麼、不知道些什麼、想知道些什麼，然後才知道該往哪個方向探索，也才比較能設計出具有「探究」意味的課程。

當我們回到阿瑞尼士（Svante August Arrhenius）那個還不知道電解質溶解在水中為什麼會導電的年代，仔細檢視阿瑞尼士當時知道哪些東西，你會很訝異阿瑞尼士到底是怎麼想出他的「電離說」的？這需要多強大的創意和想像力？是的，科學需要創意和想像力，造物者的創意其實遠遠超過人類。你可以發現自然現象往往比最光怪陸離的科幻小說更加光怪陸離。所以科學家在探究自然的時候，其實需要極高的創意，才能夠想像得到自然界原來是如此運作的。而當我們在科學課堂上，居然會讓學生冷靜的覺得這世界的一切都是這麼的理所當然、順理成章，實在太不應該了！

　　學生應該要問：「水為什麼是 H_2O ？科學家怎麼知道的？」、「阿瑞尼士未曾親眼看到電解質解離的現象，他是怎麼知道電解質在水中會解離的？」、「載流長直導線的磁場是什麼形狀？」、「『酸』、『鹼』是什麼？」、「『熱』是什麼？」、「我們是怎麼看到東西的？」

　　當我們退回到無知的位置，就會發現有太多問題可以問。

用提問取代答案

　　當我們嘗試退回到無知的位置，開始思考這些曾經學過並且考過高分的科學內容時，就能夠和學生站在同樣一個出發點，因為學生也同樣不知道這些事情。接下來，老師就可以扮演共同學習者的角色，與學生共同面對問題，並且以一個較老練的學習者角色，帶領學生共同解決問題。

　　當我熟練於成為一個無知者的時候，就開始會問很多問題了。在課程進行的過程中，就能給學生許多的提問代替許多的答案。當學生明確的接收到問題時，老師自然有機會看到學生思考學習的路徑，並在過程中給予學生適當的協助或進一步的挑戰：「你說燃燒是一種氧化？真的嗎？你怎麼知道的？有

辦法證明嗎？跟你說喔，我聽過另一個說法是，燃燒時物體會快速釋放一種叫做燃素的東西，釋放出來的時候會發光發熱；也是因為燃素釋放出來了，所以燃燒完東西就會變輕喔。跟你的說法好像不太一樣，哪一個是正確的說法呢？」藉由這些提問，就可以逐漸引導出有情境、有脈絡的課程設計，並且在課程中讓學生學習「科學的探究科學」。

　　當然，我並不是說，所有的知識都要再從頭探究一次。每一個科學理論都是經過幾十年、幾百年間，透過許多絕頂聰明的頭腦努力了一輩子才得到的成果，當然不可能在短短的課堂中重現。

　　「探究式課程」的設計，目的並不在於把前人的路完整的走一次，而是藉由這些題材，運用結構化的方式，教導學生科學探究的技能與思考方法。「探究式課程」的目標，並不在學習知識論的範疇，而是方法論的範疇。教師營造合乎學生認知層次的情境，從學生的已知出發，探索一些未知，並藉由這個過程讓老師方便設計探究學習的課程，這是設計「探究式教學」時可以參考的方式。

「叫學生探究」就是
「教學生探究」？

「你們覺得這個波的現象，有什麼可以探究的？同組同學討論一下，挑選一個題目。」

「來，接下來請大家設計一下實驗步驟。」

「請同學畫一下實驗紀錄表格⋯⋯」

在我開始設計「探究式課程」的初期，就是這樣規劃教學的，也就是把探究的過程變成一個一個的問句或任務，讓學生依照指示一步一步的完成。因此，發給學生的學習單可能就會像這樣：

波的現象探究

一、你認為關於「波」的現象，有什麼樣的主題可以探究？

二、根據你設定的主題，設計實驗步驟。

三、根據實驗步驟，設計實驗記錄方式或表格。

四、……

　　當時我的想法是「讓學生去做探究」，只要將探究的步驟一步步列出來讓學生依序完成，那就等同於「教學生做探究」了吧。對我來說，這是一個重大突破。因為我將課程從原本「由老師來告訴學生答案」的模式，轉變成「由學生自己找答案」的模式。並且就如同上一章提到的，我從一開始不知道有什麼主題值得探究，到後來因為讓學生在課堂上進行探究的緣故，因此每一年都可以蒐集到一些學生提出來的有趣問題。這些問題隔一年就會被我納入正式的教學內容中，時間一長，可以放在課程中的探究問題就變得愈來愈多。

　　就這樣，我逐步在這個模式中，找出一些設計「探究式課程」的方法。例如，我們總不可能每一堂課、每一個知識概念

都從頭探究到尾，課堂可沒那麼多時間。所以我們可以在 A 單元中，讓學生設計實驗步驟，但表格就由老師來設計，實驗結果也快速的由老師來講解；在 B 單元中，老師直接給學生實驗步驟，但表格由學生來設計，實驗結果也是由老師來講解；在 C 單元中，實驗步驟和表格都由學生規劃，實驗結果也讓學生充分討論。這樣的話，把不同的探究能力分散在不同單元，每個學期再挑一個主題做比較完整的探究，當作是學生綜合能力的展現。

什麼才是「教學生探究」？

就這樣，「讓學生去做探究」了好幾年的時間，我總是在尋找哪個單元適合讓學生練習什麼樣的能力。有一天，因為接了國家教育研究院的研究案，有幸邀請到國教院的研究員吳敏而教授來觀課。看完之後，她先是很客氣的稱讚了我的教學，但最後提到一件事情，讓我困惑了很久，她說：「雖然你很厲害，但是從你的學習單裡面，看不出來你怎麼『教探究』的。」

聽到這個說法，我其實滿心疑惑。我說：「可是，我把每

一個探究要做的事情都變成問題或任務寫在學習單上，其他老師看到就知道教學步驟了啊。」

　　吳教授進一步解釋：「對，你這是讓學生『做探究』，不是『教』學生怎麼探究，所以我看不出來，你怎麼讓學生從不會到會。雖然你在課堂上有教學生，但是其他老師並沒辦法從文件中就學會你的教法。」

　　我一下子就被「你是讓學生去『做探究』，不是教學生『做探究』」，這個說法給鎮住了。聽了吳教授的說法，其實我當下完全無法理解，認為自己把探究步驟列出來，不就是藉由問題引導「教」學生做探究了嗎？為什麼說我上課時有看到探究，但又說從學習單裡面看不出來呢？這個問題我想了好幾年才終於慢慢理解……。

　　原來這樣的教學方式，可以稱為「做中學」（learning by doing）。因為「探究式課程」本身就是屬於比較開放途徑的學習，學生會在什麼地方遇到問題，會需要老師提供什麼協助，常常很難事先知道。所以有個辦法就是直接上場去做。

　　這時，我們就得要問：「在這個過程中，老師該做什麼？」有個需要提醒老師注意的事情是：當你發現自己並沒有給學生指導，只有給學生任務的時候，如果你發現學生表現得

很好，那你看到的很可能是學生能力的展現，而不是學習。

「能力的展現」的意思是：你看到學生能把已經學會的東西拿出來用，並且用得很好；而「學習」的意思則是：你會看到學生一開始不擅長、笨拙的樣子，然後因為過程中的學習而成長，最後學會了必要的知識或技能，並完成你交代的任務。有時候老師會因為學生表現得很好，任務一交代下去，每個學生都能完美達成，因而覺得自己的教學成效很棒、感到開心，但其實學生在你的課程中並沒有成長。這是需要注意的地方。

探究教學中的師生互動之道

例如我在操作「探究式課程」初期時，總是希望學生可以自己提出問題，所以就會鼓勵學生問問題。雖然一開始，自己心裡總是覺得這些課本的內容都很理所當然，直覺就可以理解，但還是勉強自己做做樣子，鼓勵學生多問問題。幾年操作下來，經常發現學生要不然就是一片靜默，要不然就是彷彿來作亂一般，提出一些莫名其妙的問題。

當然，身為老師的我，不能把課堂上的不順遂都怪學生，一定要想想辦法解決這個課堂困境才行。面對學生有時候會提

出一些怪問題這件事情，有一天，我決定追問學生為什麼要問這樣的問題。經過來回反覆確認幾次之後，才終於釐清他真正想問的問題是什麼。我也才意識到：有時候學生沒有問題，是老師設定的情境實在不夠清楚，學生在不確定情境範圍的情況下，因此也很難提出問題。很可能是學生不知道怎麼樣的問題叫做問題，也或許是不知道怎樣恰當的問出問題。

有一次，當我上完元素週期表相關課程後，問學生：「有什麼問題？」一位學生問道：「為什麼水銀是液態？」我乍聽之下，覺得這問題很像是來找麻煩的，我耐住性子，好聲好氣的回答：「因為室溫就是在水銀的熔點和沸點之間，所以水銀是液態，你是要問這個嗎？」

或許是我們之間的關係已經建立得還不錯，那位學生繼續追問：「不是，老師我不是想問這個，我想問的是，老師你說週期表上的元素排列是依照元素特性，那為什麼汞元素在週期表上，它的左邊、右邊、上面的元素都是固態，只有它是液態呢？」

我聽完後，背上冷汗冒出來，全身雞皮疙瘩應該也掉了不少在地上。這是一個太精采的問題，我的週期表背得這麼熟，大學讀的又是化學系，但就是從來沒想過這個問題！

　　我把週期表打開，左看右看卻看不出端倪，只好跟他說：「你的問題太精采了，我回去查一下資料，看看能不能回答你的問題。」還好當時我已經操作「探究式課程」一小段時間，練成了「老師不需要能夠回答所有問題」的心理素質。老師不需要成為全知全能的上帝角色，只需要作為一個老練的學習者，帶領學生共學精進。所以我並不會對於回答不出來這個問題，感到尷尬、不自在，反而會因為這樣的好問題讓我感到興奮。

　　當天晚上，我查了一些資料，發現這個問題還真是一個不得了的重要問題，也是過去的科學家在探索物質世界時曾經問過的問題。事實上，週期表上第十二族的熔點都偏低，這和其電子的組態有關，想要解釋甚至需要用到狹義相對論才能說明。隔天我和學生碰面，告訴他說：「你問了一個我從來沒想過的好問題，而且需要用到很高階的理論才能解釋。我大概沒辦法好好的告訴你答案是什麼，可能需要你以後多看一些物理方面的理論，才比較容易了解。」

從這個事件之後，我更加了解兩件事情：

第一、「讓學生問問題」並不等於「教學生如何問問題」：並不是請學生問問題，學生就知道怎麼適當的問出問題。他們問出問題之後，可能還需要很多的對談與引導，才能讓他們把真正想問的問題呈現出來。

第二、要正視學生的問題：有時候學生嬉皮笑臉的問題，讓你覺得他好像是故意來鬧的，但其實提出問題常常需要勇氣，他的嬉皮笑臉可能只是保護傘。因此老師要提醒自己，學生也許是真心想問一個重要的問題，只是不知道怎麼表達而已。這時，我會用認真的態度和學生對話，往往來回幾句之後，就會發現，學生是很認真的提問，而且可能會提出一個好問題，而不是亂問。

當然，有沒有學生真的是脫離主題胡亂發問？當然有！但是當我們還是用很認真的態度去回應時，幾次之後，學生就會慢慢的不好意思，因而減少脫序的發問。只要是在課程主題內的發問，其實我們都滿容易可以引導到課內想探究的主題，並且讓課程可以搭著學生的問題往下開展。

持續反思，進化探究教學能力

此外，在帶領學生「做中學」的過程中，還有一些地方值得老師們特別留意。

首先，若老師總是用比較開放的課程進行模式，很容易在教學設計的時候，永遠偏重某個面向而不自知。

像我自己在開始規劃探究式課程的初期，丟給學生的任務總是「實驗步驟設計」、「表格設計」、「圖表繪製」、「實驗結果分析討論」；然而像是「觀察與定題」、「根據理論提出假設」、「建立模型」、「想像創造」等能力，卻很少訓練到。這就是教學設計的整體規劃，避免自己每一次都用類似的模式設計課程時，很容易疏漏掉重要的部分。

其二，留意有些學生會很難跟上探究式課程中的任務。

因為「探究與實作」通常是以分組合作的方式進行，分組時，往往就會有人專門負責某些特定的任務。例如有些學生比較喜歡動手、也比較擅長動手，在每次的探究實作課程中，他就會主動爭取扮演操作實驗的角色；同組的其他人，很可能就一直扮演「填寫數據」、「清洗器材」這些角色。這使得每次實驗任務看起來都順利完成了，但學生其實一直在進行重複的

練習，做自己原本就已經會的事，卻未必真的每一次都學會新的東西。

　　這時，教師如果沒有刻意去指派他們進行不同的任務，那麼學生就會用很「有效率」的方式完成老師指派的任務，但未必會有學習與成長。在真實的世界中，發揮自己的專長，貢獻自己的能力，以團隊的方式完成任務是很好的。但還在學校學習階段時，就得注意是不是有些該學會的能力無法在課程中學會了。

　　其三，我發現自己之所以使用「做中學」的教學策略，是因為我並沒有真的想清楚，**這些探究能力到底應該包含哪些細項？學生應該怎麼學？**

　　例如體育老師指派學生去打籃球，學生也去打了，但是這時你並不能說你「教」學生打籃球。學生或許會因為打籃球的經驗變多，而變得比較知道怎麼打球，但是大部分的情況是：學生打了三年還是沒有進步。因為打球要進步，需要有人在旁指導：幫忙從旁檢視動作、策略、姿勢或體能，哪邊需要調整、加強。投籃時，如果膝蓋總是太過僵硬，投了三年的球，很可能還是一樣僵硬而不自知。要單純靠自己的經驗，抓到自己的缺點並改正，需要很強的自我後設能力和實測經驗，這非

常困難。因此一個有經驗的體育老師，應該能設定國中學生對於籃球應該要學會哪些項目？這些項目要達到什麼標準？要怎樣協助學生達到這些標準。

回顧我從前的教學歷程，我發現其實自己對於探究能力應該包含哪些細項、細項要達到的標準，並不是真的那麼清楚。所以在設計學習單時，就不知道要怎麼把這些訓練埋在教學設計的流程中。這也是當時我面對吳敏而教授的質疑，頓時無法回答的原因。

因此，在進行探究式課程前，教師應該要把這些探究的學習方法建立起來，才更能協助學生學會這些能力。例如在做圖的時候，不只是安排任務要學生去把圖畫出來，而要帶領學生討論：該怎麼挑選什麼項目來當橫軸、縱軸？怎麼挑選才合理？觀察資料時，可以去讀取分析內容的相同、相異處，並從中挑出可探究的問題。

數學並非科學之母，觀察才是

　　當我還是學生的時候，就知道自然科考題幾乎就是數學考題。尤其是物理和化學兩科，印象中到高中之後，可能有超過四分之三的題目都要用到數學，而且有些還是相當困難與複雜的數學。

　　當時的老師就告訴我們：「『數學是科學之母』，所以一定要把數學學好才行。」因此，身為「考試勝利組」兼乖乖牌的我每當面對那一大堆的數學科學題，就算不了解數學背後代表的科學意義，也沒察覺到這些題目設定的條件可能非常不合理，還是會拚命努力的把這些題目搞定。熟能生巧的結果，確實幫助我順利解題，但我始終沒有搞懂：為什麼數學會是科學之母？

等到自己當老師時，我也這樣跟學生說：「數學要學好，不然科學會學不好，因為『數學是科學之母』。」有些科學單元會接觸到很困難的數學題目，所以我在規劃課程時，就必須把認識現象和實作實驗的部分用很短的時間上完，留下剩餘時間帶學生解題，有時甚至直接犧牲、捨棄這類題目。為了留時間去練習那些「自古以來」就被認為一定要學會的科學數學題，彷彿體驗觀察現象、產生探究問題、實驗實作都不太重要。我們總是會以「因為課上不完了，所以不能做實驗」的理由，把時間讓給數學題。基於「科學之母」這個身分，自然課程用來練習數學問題似乎變成理所當然了。

誰才是「科學之母」？

數學絕對是科學上非常重要的工具，當科學面對重大疑難雜症時，往往確實是由數學來解決問題。歷史上有很多例子，可以用來說明科學家遇到科學問題時，發明數學工具來解決問題。例如我們知道，一個物體如果維持每秒鐘 30 公尺的速度前進，那麼 100 秒之後，它會前進 3,000 公尺。但如果這個物體的速度是會穩定減少，平均每一秒鐘還會穩定的減少每秒

10 公尺，也就是一秒後它的速度就變成 20m/s、兩秒之後變成 10m/s，以此類推。這樣的話，我們知道它 3 秒之後會停下來，但你能知道它前進的距離總共有多少嗎？

　　為了解決這個問題，牛頓發明「微積分」這個數學工具。物理學家為了要處理像是「位移」、「力」、「速度」這類問題，也發明「向量」這樣的數學工具來幫助物理學家解決問題。這樣看起來，好像應該說「科學是數學之母」才對？

　　也有的時候，科學家為了精準簡潔的描述自然界規則，運用數學語言來作為描述的方式。例如我們知道，兩物體之間永遠存在一個互相吸引的萬有引力，萬有引力的大小和兩物體的質量大小乘積成正比，和兩物體的距離平方成反比。這麼一大段落落長的描述，如果用數學符號來表達，就會變成：

$$F = G\,\frac{m_1 m_2}{r^2}$$

　　這樣的表達既簡潔又精準，當然是很不錯的描述方式，很受科學人的喜愛。數學是科學中重要的工具，可以幫助科學解決很多問題。在學習科學或發展科學的某些階段，數學更是不可或缺的工具，沒有數學便跨越不了某些門檻。即便如此，數

學好像也說不上是「科學之母」。

我總覺得「科學之母」的意思，應該是科學的產生者。那什麼才是科學的產生者？我認為是「觀察」。

觀察與好奇心促成科學的動機

觀察的意思不是觀看，不是說用眼睛看到些什麼東西就是觀察。觀察是會產生疑問的，會勾起你的好奇心。看到一些「怪怪的」、好像跟平常不一樣的事物時，你可能會留心的多看個兩眼，腦袋裡想著：「昨天跟今天看到的太陽升起位置，是不是有什麼不一樣？」、「上次釀的酒跟這一次喝起來好像不一樣？」察覺這些差異之後，你的好奇心可能就會接手，開始思考如何解釋這樣的差異。

如果你認真一點的話，可能會對現象進行系統化的描述記錄，將那些雜亂的事物根據相同處、相異處進行比較並分類，有時候或許能從中發現一些現象的規律性或者因果性。例如我們的祖先們長期觀看著海，把每天看的海水高度做了記錄，時間一長就慢慢看出一些規律性，發現每天海水高度變化跟月亮的位置有關：滿月的那天，當潮水最高的時候就是在正中午。

進而發現不同的月相和漲退潮的時間，有某種特定的關係。等蒐集到夠多的事實之後，很可能就可以發現規律性。

　　察覺這些規律性、相同處、相異處之後，有些人會興起強烈的好奇心，想要一探這些現象背後的完整詳細規則，或是探詢造成這些規則背後的原因，這時，科學的動機就出現了。

　　自文明誕生以來，有很長一段時間，人們只是用神話的方式來解釋自然，直到近幾百年才發展出有系統的科學方法，以極端嚴謹的態度來檢視心中的答案。雖然科學是近代產物，但產生科學的動機卻是每個人都天生具備的，那就是「觀察」和「好奇心」。

　　每個孩子天生就很愛問問題，這也是為什麼許多科學家會說：「每個孩子都是天生的科學家」，不過這句話的下一句是：「直到 12 歲為止」。身為老師的我們都曾發現，學生到了國中之後，似乎就變得很不愛問問題。我相信造成這個結果的原因有很多，例如我們的科學教材教法往往是去情境化、去脈絡化的；我們的考題有許多是脫離現實的；我們的課程也經常不是以學生親身觀察而產生的探究問題作為出發點。此外，大量意義不明的數學練習，恐怕也是重要的原因之一。

　　既然數學題目難以避免，我們該怎麼讓這些練習對學生而言，變得更有意義、更具有科學教育的價值呢？

數學在科學課堂上扮演的角色

　　在科學的學習中，數學作為一種工具，其存在是必要且適當的。但我們應該注意的是：工具的使用必有其特定的使用動機和情境。

　　例如拉瓦節（Antoine Lavoisier）並不是一開始就在實驗室裡面計算數學，因而發現燃燒的本質是物質的氧化。他是因為用定性分析方式無法成功反駁當時主流的「燃素說」，才進一步使用量化實驗、測量精準的數據，得到足以駁倒「燃素說」的證據。

　　讓學生具備動機和情境後，在適當的難度下，引進必要的數學就會覺得理所當然。如果學生知道自己正在處理什麼問題，也知道為什麼需要運用這個工具的情況下，那麼在自然科裡面學習數學是沒有問題的。

　　於是我在燃燒的單元中，設計了讓學生閱讀並比較史塔爾（Georg Ernst Stahl）提出的「燃素說」和拉瓦節的「氧化

說」。兩個學說都是在描述學生熟悉的燃燒現象，但卻有著截然不同的解釋方式。史塔爾的「燃素說」認為：

因為物質燃燒時，物質裡面的可燃成分（燃素），會從物質內逃逸出來與空氣結合，從而發光發熱，這就是火。並且因為燃素從物質中釋放出來，重量就變輕了，釋放燃素的物質只剩下灰。但有些物質，像是金屬，它們內部的空隙就像容器一樣，裡面充滿燃素。燃素與金屬分離後，空出來的容器會被空氣填滿，容器裝著比燃素重的空氣，重量自然就變重了。而且物質在加熱時，燃素並不能自動分解出來，必須藉空氣來吸收燃素，才能將燃素釋放出來，而且愈好的空氣吸收燃素的效果愈好。

拉瓦節的「氧化說」則主張：

物質燃燒時，不是物質內部的燃素釋放出來，而是物質和空氣中的氧氣結合。結合的過程中會發光發熱。結合之後的物質，稱為氧化物。氧化物如果是氣體或者變成飛灰離開了物體本身，質量就會變小，就像紙張燃燒一樣。如果物質氧化物和

物質是依附在一起的，那就會看到質量變重，就像金屬的燃燒一樣。

　　你會發現兩者的說法看起來都能完美的解釋燃燒現象，如果只是觀察各種燃燒的現象，並不足以判別誰說的才對。這時，用量化方式精準測量燃燒過程中各階段物質的質量變化，就變成判別是非的關鍵所在。量化實驗當然是比定性實驗更加困難，但當我們對於某個事件產生興趣時，這些困難就會瞬間變成讓人興致高昂、願意去挑戰和克服的關卡。

　　數學的工具也是如此，所以我在運動學的課程設計中，利用交通安全宣導影片中常出現的「未維持安全距離」下產生的交通事故，讓學生感受到危險，並且產生「安全距離是怎麼計算出來的」的疑惑，激發學生解決問題的動機。

　　動機產生之後，我們就可以把待解問題轉化為比較嚴謹的文字敘述：「車子以 108km/hr 的速度行駛在高速公路上，因前方發生事故而緊急煞車。若車子能在 3 秒鐘之內停下來，我們的煞車距離有多少？」這就變成大家熟悉的考題了。此時不管是使用公式也好，圖形法也好，學習起來就會比較自然而然、順理成章。在課堂上營造動機與脈絡，讓解決這些數學問

題變成必要的過程，就是我們在課程設計上可以努力的方向。

小心呵護學生心中的學習嫩芽

　　有人可能會說：「這樣不是要多花很多時間嗎？直接把題目拿出來讓學生練習，就可以省下很多時間。」或許也有人會認為：「多花的這些時間，只是為了漸進鋪陳，讓學生在心理上比較能夠接受題目中的數學練習。」但其實並非如此，我們之所以要多花時間在課堂上營造動機與脈絡，為的是要達成更多的學習目標。

　　在介紹拉瓦節的課程中，不僅是想帶出最後「燃燒是物體與氧結合」的結論，還想要藉由這個課程，讓學生學會閱讀理解不同的論點、找出兩者論點的異同、設計實驗以驗證雙方論點、分析實驗結果以判定支持何種觀點。在這麼多樣又高強度的目標中，以量化實驗和數學運算取得可信賴的實驗結果，只是其中一個學習目標而已。

　　學習科學，本來就不應該只為了最後的結果。用單一的學習目標作為設定，不管是對科學的學習也好，對整個人生的需求也好，都過於狹隘也明顯不足。數學對科學來說，是重要且

有力的工具，但要讓工具發揮應有的功能，就要有使用工具正確的情境。都說數學是科學之母，但是我們在課堂中讓學生運算這麼多的數學，卻無法讓科學在學生心中萌芽，反而更可能因此摧毀學生心中科學的嫩芽。

身為教師的我們，在課堂中應該把重點放在隨時維護學生對自然的觀察與好奇，透過課程設計和互動鼓勵來澆灌好奇的種子。必要時再請數學出場，扮演其必要的角色就好，我想這才是數學在科學學習中的最佳定位。

「科學取向」和「科技取向」的課程有什麼不同？

　　在研習場域或網路群組的討論中，常會出現有關學生學習某個科學知識概念「有什麼用」的討論。

　　有一次公開觀課，某一位生物老師 A 在進行光合作用的教學。課程中介紹光合作用中的光反應、暗反應，以及光合作用的化學反應反應物和生成物。課程結束後進行觀課討論時，我問 A 教師一個問題：「剛剛那堂課的教學目標是認識光合作用。可是為什麼學生要認識光合作用呢？」A 教師楞了一下，好像沒有想過這樣的問題。因為對一個生物老師來說，介紹光合作用給學生認識，幾乎是天性般的理所當然。就像理化老師每次碰到週期表課程，也不約而同的想讓學生先背起來再說。

有些人會覺得「為什麼學生要認識光合作用？」這問題，等同於「認識光合作用有什麼用？」事實上，過去我曾和許多老師討論科學課程的學習內容，每當面對「有什麼用」的問題時，經過一番討論之後，結論常常就是「沒有用」。有人會覺得科學理論根本太理想化，用在現實生活中往往不符實際；有人會覺得科學內容離生活太遠，我們根本不會去關心；也有人認為科學很有用，但是要把原理應用到實際生活中，當解決日常生活遇到的問題時才會派上用場。

「科學」與「科技」的關係

其實科學發現的「有用」往往不只是解決日常生活問題而已，有時候甚至是劃時代改變人類生活的大用。重大的科學發現往往會觸發與驅動許許多多嶄新科技的發明，但從科學到科技還有一段漫長的發展歷程。雖然改變的動因源自科學，但最後實際改變人類生活的，是科技。

英國科學家法拉第（Michael Faraday）為了研究電與磁的關係設計出一種裝置，以實驗證明磁場的變化可以轉變成電流。當時人們問他：「這裝置有什麼用？」法拉第回答：「沒

有人知道初生的嬰兒未來會有什麼用。」

　　我們都知道「可以產生電流的裝置」就是發電機，問「發電機有什麼用」，現在看來簡直是個蠢問題，畢竟現代人類世界基本上就是用電在推動運行的。

　　但對當時的法拉第而言，他的研究動機不是要設計一個發電裝置，也不是為了讓未來人類可以享受便利生活，他只是單純想要研究電與磁之間的關係而已。

　　法拉第的研究發掘了未知自然現象的規則與原因，他的研究成果屬於「科學」範疇；因為他的成果，開啟發電機與城市電網的發明，這些發明則是屬於「科技」範疇。發電機或電網的關鍵科學原理或許是法拉第的電磁原理，但是真正要能運作順暢、在生活中成為好用且可用的裝置，卻還需要非常多工程與科技上的支持。

不能只教實用的「科技取向」課程就好嗎？

　　許多老師希望科學課程貼近生活，希望科學課程變成更有用的課程，往往會調整課程的方向，成為偏向「科技取向」的課程。這樣的課程，就會是較多樣、複雜的科學原理綜合起來

才能完整解釋的。因為複雜度過高,問題的解決常常需要經歷各種試誤法,而非單純變因的研究就能解決。這類課程設計雖然還是會傾向用單一科學原理解釋,但事實上,單一科學原理是難以周延解釋某個生活中常見現象的。

與科學取向的課程相比,科技取向的課程往往看起來似乎「有用」得多。那麼我們要問:為什麼科學課程內容常常會讓人覺得「沒用」?

其中一個原因,是因為人類的科學知識已經大幅度的專業化分工了。如果我們回到採集時代,當時的人類必須辨認各種植物、動物、天氣、風向、地形,愈擅長這些就能活得愈好愈久。想像一下,如果採集時代有人知道正斷層、逆斷層的學問,在野外能夠分辨地形背後所隱含的風險,他多半能夠擁有比別人更高的存活率。

然而在一個已經高度分工的現代社會中,我們並不需要知道這些,因為我們把這些風險評估的責任託付給某個專家。假設你隔壁有位仁兄擅長某個超專業領域,雖然這項專業深深影響著你的生活,但如果你沒有打算成為那個領域的專家,這些知識看起來就會變成無關緊要的「冷知識」。與採集時代的人類相比,現代人擅長的專業種類廣度明顯是低得多了。

　　另一個原因，是人類的科學知識已經大幅度的深入發展。我們在國中學習到的科學知識，幾乎都是各領域基礎中的基礎、初階中的初階。相較於已經非常深入的科學領域來說，那些最基礎、最初階的東西自然看起來就是沒什麼用。要真的學會應用這些知識，還得要在這條路上走很久很久，才會感覺對現代生活有很大的用處、變成了不起的學問。

　　我們在國中科學課程中，當然可以找到許多科學理論與生活的連結。例如電磁感應定律就和生活中常會用到的喇叭、麥克風息息相關。但是如果有人提出挑戰：「即使我完全不知道這些原理，我還是可以聽喇叭、用麥克風，對我的生活沒有影響啊！而且我又沒有要自己做麥克風和喇叭，用買的就好了。」這樣的觀點似乎的確也符合事實。

　　就算我們不知道科學中的電與磁原理，只要把喇叭拆掉進行反向工程分析，就可以製作出能夠發出聲音的裝置；如果再透過大量嚴謹變因控制的試誤法，調整各種可能影響聲音的因素，也能逐漸調校出聲音不錯的喇叭。許多科技取向的課程或活動，就常以這種課程設計模式進行。

　　例如近年流行的「STEM」課程較傾向科技取向，雖然老師們也嘗試把科學要素放進課程中，但科學在其中往往只是扮

演輔助說明的角色，通常不會花太多時間來探究背後的科學。

科技在意有用，科學關乎好奇

　　如果真要談科學課程「有沒有用」，往往確實很難說出一個很有說服力的說法。但我們的教學一定要被「有沒有用」的思維所局限嗎？若從科學發展的歷史角度來看，其實引出科學探究與發現的動機，通常並不是因為覺得有用而產生的。

　　引起科學探究行動的動機，往往是對自然觀察產生的好奇與疑問，甚至對這些疑問沒弄懂就會睡不著覺。科學的動機往往就是這麼單純，並不是因為解決這些疑問會產生什麼用處，而是單純想解決這些疑問。過往許多科學家也曾經毫不保留的表達對於「實用性」動機的不屑，不過這並非指實用性動機比較低階，只是許多科學家確實不太在意實用性，而是出自對自然的好奇進行研究。

　　德國科學家海因里希・赫茲（Heinrich Hertz）在 1887年首先用實驗證實電磁「波」的存在。在他之前，英國科學家詹姆士・克拉克・馬克士威（James Clerk Maxwell）用了數學的方式預測電磁波的存在。當時一般人對於「波」的概念，

是像聲波、水波這種，會有一個擾動，然後經由介質把擾動傳遞出去。但是對於像「光」這樣的波，就比較難以理解。馬克士威預測了電磁波的存在，並且認為光就是一種電磁波。這個論點雖然看起來很完美，但科學現象可不能只存在於數學公式之中，電磁波是什麼？有什麼特徵？怎麼證明它存在？這些問題最後就藉由赫茲的實驗來回答了。

　　在赫茲成功用實驗證實電磁波的存在後，據說有人問他：「您的實驗有什麼用呢？」他回答：「我不覺得我發現的無線波將會有什麼實際用途。這只是一個實驗，用來證明馬克士威是正確的。」他的研究目的很簡單，就是想證實馬克士威的理論，並洞悉真實存在卻又虛無飄渺的電磁波現象。後來義大利工程師古列爾莫‧馬可尼（Guglielmo Marconi）看到赫茲的研究，嘗試用電磁波進行通信實驗，最終成功將訊號跨越大西洋傳送出去，奠定日後通訊科技蓬勃發展的基礎。

　　赫茲努力的動機，是出自他對自然的好奇，想找出自然界中電磁波的真相，他是科學家；馬可尼努力的動機，是想利用電磁波，製作出一個能實際達成某個目的的有用裝置，他是工程師。這就是從科學研究進入到科技應用，進而產生出巨大成效的一個例子。

讓學習帶有解謎感

　　科學工作的驅動力，是「好奇」，是因為想弄懂自然世界的規則、原因與本質。例如：「電磁波存在嗎？它是什麼？它是怎麼運作的？它會對我們產生什麼影響？」想到這些問題，不弄清楚就寢食難安，這是科學家的動機。而科技工作的驅動力，則是「有用」，是知道電磁波存在之後，想用它來製作遠距通信的裝置，或是其他有用的東西。

　　那麼科學課程在引起動機的部分，其實可以試著以「引發學生對自然的好奇」作為出發點，讓學生在觀察一些自然現象中產生問題，並且嘗試解決那些問題。當然，對一個國小或國中生來說，不太可能解決太複雜或太深入的科學問題，但老師可以帶學生去看看那些複雜的自然現象，抽取某些現象加以單純化後，讓學生看到一些可以問的問題，並嘗試去解決。

　　講到這邊，好像又回到單純的學習過程技能了。但我覺得學習許多科學知識的過程也是很有趣、很刺激的。直接從書上、老師講述、影片中接收科學知識，也是很好的事情。為什麼要擔心「教這個有沒有用」呢？假如那些知識刺激又有趣的話，我們根本不會去問「有沒有用」的問題吧！

　　就像我們在讀謎語書，解謎的過程中也從來不會問「解決這些謎題有什麼用」。看到謎題就想去解開、看到沒完成的拼圖就想去拼完，這是人類很原始的動機，也是我們與生俱來的天性。老師需要做的，並不是把所有的答案整理出來告訴學生，而是想盡辦法把謎題清楚的呈現在學生前面：從岩層的特徵，可以說出一套百萬、千萬年的故事；從動植物的特徵，可以說出牠／它們在自然界中的取勝之道；從一個木球放到水中的特徵，可以說出浮力的原理。

　　科學不是那麼無趣的科目，不用非談它有沒有用不可。更何況科學真的「很有用」，不是嗎？

一直教學生探究，
可以應付考試嗎？

　　多年前，當我開始試著把課程調整為「探究式課程」時，最擔心的就是學生考試成績會不會變差。畢竟在當時，「探究式課程」看起來像是個「不務正業」的教學法，好像都在活動操作，少了很多精熟練習，令人不免擔心：「學生真的能把『該學會』的東西都學會嗎？」

　　有某些考試題目，不教還真的不行。就是那種「學生自己想一定想不出來」的題目，我們把這樣的題目稱為「必教題」好了。平時上課時，我們總會費盡心思如何讓下一代學會這些題目。但當我愈是思考學生應該在科學課程中學會的東西，愈是覺得那些必教題很怪異。我們為什麼會設計這樣的題目，讓學生很難自己想出答案？都非得要老師講過、學生才能解決的

題目，是一個好題目嗎？甚至學生有時候會抗議：「老師，這個上課沒講，所以不能考。」這是一個合理的抗議嗎？為什麼學生會有這種觀念？

　　教育的目標之一，是希望學生在面對問題時，具備獨立思考問題、解決問題的能力；而不是讓學生成為一個龐大資料庫，腦子裡只是去搜尋老師曾經講過的事情，比對出相符的資料後再提取出來解決問題。如果我們希望讓學生成為「能夠獨立思考、解決問題的個體」，那麼是否應該檢視一下課程與考試是否有助於達成這個目標？

脫離教學目標的「必教題」

　　或許我們應該先來看看那些「必教題」到底是怎麼回事。仔細審視這些題目就會發現，不少題目其實脫離原本課程的教學目標甚遠，或是需要整合運用其他知識、能力才能回答的問題。我們來看看以下兩個例子。

例題一

這是一個以蝙蝠回聲為情境的題目，常會出現在理化課的

「聲音」單元裡，是用來介紹聲音速度及回聲概念：

　　蝙蝠飛行會發出超聲波以判斷牠與物體的相對位置。超聲波波速為 310m/s，而蝙蝠收到反射波後的反應時間是 0.3 秒，現有蝙蝠以 10m/s 的等速度直線往牆壁飛，請問蝙蝠和牆壁的距離多遠才不會撞牆？

　　我們前面已經約略討論過，現在來仔細思考一下，這個題目要怎麼解？

　　首先，你要知道什麼是「反應時間」。所謂「反應時間」，就是當蝙蝠的耳朵聽到回聲之後，身體做出反應的時間間隔。就像人類開車時，眼睛看到事故把訊號傳到大腦後，大腦要下命令讓腳踩下煞車，也是需要時間的。當車子以固定速率向前行駛，必須有足夠的安全距離，才能及時做出反應、避免車禍的發生。

　　題目中，蝙蝠的反應時間是 0.3 秒，代表牠聽到聲音後，還會往前飛 0.3 秒，以 10m/s 的速度來看，牠會往前飛行 3 公尺。那就代表牠在收到反射波時，如果距離牆壁 3 公尺以內就會撞到牆壁。收到反射波時剛好距離牆壁 3 公尺，是撞牆失

事的臨界值。

　　假設蝙蝠發出聲音時，和牆壁的距離是 X 公尺。蝙蝠發出的聲音走了 X 公尺撞到牆壁，然後又往回走 3 公尺被蝙蝠收到，所以聲音共走了 X+3 公尺。在此同時，蝙蝠則是往前飛到牆壁前 3 公尺，也就是往前飛 X-3 公尺。於是我們就可以列出一個等式：

$$\underset{\text{聲音走的時間}}{\frac{X+3}{310}} = \underset{\text{蝙蝠飛的時間}}{\frac{X-3}{10}}$$

　　最後把 X 算出來是 3.2 公尺，這就是答案。從上面的描述中，相信讀者可以察覺兩件事情：

　　第一，這個題目如果老師沒有在上課時講過，要學生自己想出來，還真不容易。

　　第二，這個題目最大的挑戰不在於學生對於「聲音」、「聲音速度」、「回聲」等自然現象的理解，而是在於對「反應時間」的理解，以及如何觀察出什麼地方有「等式」可運用來解題。

　　換句話說，題目在讓學生學習如何將文字描述轉化為數學語言，並透過運算得出答案。在這樣的解題過程中，數學上的訓練強度遠高於科學上的訓練。

　　前面有說過，「數學並非科學之母」，這個題目就是一個例子。絕大多數的學生面對這樣的題目，即使努力學會解法，仍然不會對自然科學有多一分的理解。大部分學生是選擇把結果背起來，或者乾脆直接逃走或跳過。

　　若你有興趣去網路上查一下這個題目，就會發現每一題的數據設定都是一樣的：聲音速度一定是超級低的 310m/s，蝙蝠飛行速度一定是 10m/s。為什麼？因為這是唯一能讓答案數字比較「好看」的設定。對學生來說真是個好消息，只要把 3.2 背起來，之後看到題目的那個瞬間就可以反射性的完成作答。這麼一來，題目連數學訓練的功能都變得很小，似乎變成是在練習考試技巧了。

例題二

　　我們再來看一個例子，這是 105 年自然科會考試題中的第 54 題：（圖 2-7）

請閱讀下列敘述後，回答53～54題

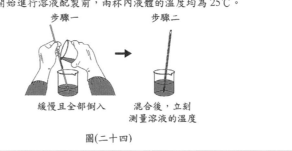

圖(二十四)為<u>小萍</u>進行溶液配製的步驟示意圖，已知步驟一的兩個燒杯內，其中一杯裝有密度為 1.8 g/cm³、重量百分濃度為 98% 的硫酸 100 mL，另一杯裝有蒸餾水。開始進行溶液配製前，兩杯內液體的溫度均為 25℃。

步驟一　　　　　步驟二

緩慢且全部倒入　　混合後，立刻
測量溶液的溫度

圖(二十四)

53. 若要符合實驗安全與合理的實驗結果，步驟一手持燒杯中裝有的液體種類，以及步驟二測量到的溫度計數值，下列何者合理？

(A)為硫酸　　(B)為硫酸　　(C)為蒸餾水　　(D)為蒸餾水

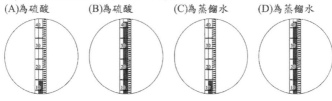

54. 若最後<u>小萍</u>配製出的溶液體積恰為 200 mL，則此溶液的容積(體積)莫耳濃度為下列何者？(H_2SO_4 的分子量為 98)

(A) 0.36 M

(B) 1.80 M

(C) 2.78 M

(D) 9.00 M

圖 2-7　105 年自然科會考 53～54 題

想要解這個題目，要經過哪些步驟？

首先你要知道「重量百分濃度」是溶質重量除以溶液重量、要知道「體積莫耳濃度」是溶質莫耳數除以溶液體積公升數，還要知道物質的「密度」等於質量除以體積。當然還必須知道在地表附近，重量和質量的轉換是 1：1。

- 重量百分濃度 (%) ＝溶質重／溶液重 ×100%
- 體積莫耳濃度（M）＝溶質莫耳數／溶液體積（公升）
- 密度＝質量／體積

觀察一下題目，你會發現題目問的是「體積莫耳濃度」，想要解題，就需要知道溶液的體積和溶質的莫耳數。依題目設定最後配置出的溶液體積是 200 毫升，你當然知道 100 毫升 ＝ 0.1 公升，於是你要的分母到手了，就是 0.2。

接下來分子部分，需要的是溶質莫耳數。你需要先知道 100ml 的硫酸，因為密度是 1.8 的緣故，所以質量是 180g。由於重量百分濃度是 98% 的緣故，所以總質量 180g 的硫酸，溶質總重 180×98%，只要把這數字除以硫酸的分子量 98，就會得到 1.8 這個數字。然後再把 1.8 除以 0.2 就得到了 9M

的答案。

這樣的題目要期待國中學生在考試當下能自己想出來，幾乎是不可能的事情。以這個會考題來說，全國答對率不到 20%。換句話說，如果讓猴子來寫這題目，隨機用猜的可能都有 25% 答對率，平均表現還贏過我們的學生。

在「必教的題目」與「必學的內容」之間

這類不教不會的「必教的題目」，是不是就真的等同於「必學的內容」？這些題目考的內容，到底是不是國中學生一定要學會的？

以蝙蝠飛行題的例子來說，通常是在八年級上學期第三章「波與聲音」中介紹「回聲」的地方出現的題目。對應課綱中的學習內容，是這一段：

- ⊙ Ka- IV -3 介質的種類、狀態、密度及溫度等因素會影響聲音傳播的速率。
- ⊙ Ka- IV -4 聲波會反射，可以做為測量、傳播等用途。
- ⊙ Ka- IV -5 耳朵可以分辨不同的聲音，例如：大小、高低

及音色，但人耳聽不到超聲波。

相信大家很容易就會發現，這樣的題目和課綱指定的學習內容有相當大的差距。即使學生已經理解「聲音是一種波」、「波前進時遇到障礙物會反射」等等的自然現象，也很難靠自己思考來回答蝙蝠飛行問題。因為這個題目最困難的部分，是在將文字情境轉譯成數學語言，並且用數學工具來解決問題。這當然也是個重要且有用的能力，但並不是在「聲音」這個單元中最優先要學會的能力。

在聲音這個單元中，最優先要學會的是有關聲音這個「自然」現象的許多特徵、讓學生能在腦中建立對於聲音和波這些現象的想像，然後才是學習使用數學工具，讓這些想像變為精準的描述。

當題目較為複雜、牽涉到較多其他的知識與能力，學生反而更不容易學會應該優先要學會的東西。對許多學生而言，乾脆把公式或答案背起來可能還比較容易。而老師們也知道，這類題目如果沒教，學生大概不可能學會，所以老師在設計課程時，總會留下更多時間在這類題目的解說及指導上。

如此一來，我們在教學上花了許多時間，卻沒達到真正的

教學目標，不僅打壞了許多學生的學習胃口，更讓老師往往在教學時呈現異常焦慮的狀態。所以老師們總會很擔心：「如果把上課時間花在探究上，學生的考試成績一定會慘不忍睹吧？」

「探究式教學」對各種程度的學生都有利

當我開始嘗試「探究式教學」，我也有著同樣的擔憂。每一次段考結束，都還是趕緊去看一下學生的成績，擔憂他們的考試表現如何。經歷過幾次段考之後，我用一些統計方式去分析學生分數，發現和實施「探究式教學」之前相比，學生的成績表現並沒有顯著的差異。我在想：會不會是因為我的學生大多數是資優生，他們的能力足以自己應付那些難題？會不會是我的數據收集或統計方式太粗糙，以致於做出錯誤的判斷？

於是我查閱了科教相關期刊與碩博士研究論文，也在幾次科教年會上詢問曾進行類似研究的學者。發現他們的結論相當一致，那就是：當你的課堂開始使用「探究式教學」，中低成就學生的考試成績會有顯著進步，尤其是中間程度學生進步最

多;至於就高成就學生來說,他們的成績通常變動不大。

　　這樣的結果令人放心,大多數學生都能在良好的「探究式教學」中獲益。即使是高成就的資優生,也不會因為在課堂上少了這些題目的精熟練習,就在紙筆測驗上的表現變差。而且學生顯然可以在「探究式學習」中,獲得許多科學方法、思考策略和科學本質與態度上的增進。比起從頭到尾都是為了考試而設計的課堂,他們在探究式課堂上學習到的科學課程更全面,也更有助益。由此可見,「探究式教學」絕對是穩賺不賠的教學策略。

　　想一想,是不是把全部的心力都拿去訓練考試,學生的成績就會最好呢?其實就算只是為了考試成績,這樣也未必是效率最高的做法。而設計良好的「探究式課程」,不僅可以讓學生腦中形成更清晰的模型,幫助學生了解科學概念,當學生腦中的科學概念愈具體,或是愈習慣運用科學概念來思考,對他們解決一般認知理解的考題則是更有幫助的。

　　一般來說在中小學階段,只要學生不排斥課堂,覺得課堂是有趣的、可理解的,通常就會有很不錯的表現。有許多中低成就的學生,完全無法理解考卷描述的情境,當科學公式定律對他們來說都是過於抽象且難以和現實做出連結時,當然就難

以參與課堂。能力稍好的學生，可以勉強用半理解、半強記的方式面對考試問題，但是在題目有些變化時，他們顯然就難以應付。

　　以探究實作的方式讓學生探究科學概念，一方面可以大幅提升學生參與的意願，一方面讓抽象概念具象化，在學生可以正確思考的情況下，不但對他們的成績有幫助，也對他們真正理解科學原理以及學習科學方法有助益。

良好的探究教學設計

　　說到這邊，還是必須提醒一下，「探究式課程」並不會跟「結構化」課程或是「精熟練習」的課程互斥。大腦對於有清晰架構的內容，總是更容易吸收，科學知識可以有結構的傳達，科學探究能力也一樣。「探究式課程」在知識的學習上一樣是有結構、甚至更要求「有脈絡」的學習。

　　以往單純灌輸性知識的教學，常常會有去脈絡化、直接教學生結論的狀況出現，雖然可能很有架構，但卻缺乏脈絡。設計良好的「探究式課程」會將知識產生的脈絡呈現出來，加上更多五感的綜合性體驗（例如：眼睛看到火焰、耳朵聽到爆

鳴、鼻子聞到刺鼻臭味、手觸碰到溫度變化），更重要的是：大腦隨時處於需要思考的狀態。

　　良好的探究教學設計，不總是把所有答案都去除，讓學生從頭到尾都處於迷惑之中，而是要安排適當的情境，讓學生經歷從迷惑到找到答案的過程，以及運用答案去解決更多問題的過程。甚至在解決問題的過程中，教師就可以把需要的精熟練習放在課程裡面。例如想讓學生學會密度的計算問題，大可放在學生進行物質體積與質量測量的時候，讓學生根據自己的實驗結果來做實際的密度計算。探究與精熟，是不會互斥的。把學生「必要學會」的內容找出來，在適當的地方安排精熟練習則是重要的。

　　那些艱澀而且脫離原本教學目標的問題，對於中低程度的學生來說，本來就是難以得分的題目，也往往不是學生真正必要學會的內容。教師即使很努力的花了很多時間在課堂上教授這些題目，效率也不高，反而會傷害到他們學習基本必要問題的效果。對於資質較好的學生來說，原本就不用花太多時間在處理比較複雜的問題，因此即使沒有在課堂中花大把的時間練習，差異恐怕也不太大。只要教師撥一點時間，給予一些指導，他們就可以處理得還不錯。

　　而且我們也都知道，許多科學方法的訓練，科學本質的薰陶以及科學知識與真實自然現象的連結，著重紙筆測驗表現的課程訓練根本無法達成。所以探究不僅可以把考試應付得不錯，還能達成更多其他的成效。

　　更何況，上面所提到的這些測驗，出題都偏重在知識的記憶與理解，考的是課綱中所羅列的「學習內容」；但未來考試還會有更多關於「探究與實作」、「科學素養」的試題，也就是看學生是否達成課綱中所描述的「學習表現」。

　　以 110 年國中會考及補考的自然科試題為例，54 題中有超過 13 題是在測驗學生「學習表現」的能力；而在其他偏向測驗是否精熟「學習內容」的題目中，也鮮少是考單一知識的記憶性題目；至於前面提到蝙蝠飛行或莫耳濃度之類的複雜計算題，更是連一題都沒有。

　　檢視近年升學考試的出題趨勢，已經明顯傳達出「學習表現才是最重要的，不需要再反覆操練複雜的計算題」的訊息。因此我們可以有信心的說：設計良好的探究式課程，正可以幫助學生在這樣的考試中獲得不錯的成績。而且不僅能讓中低成就學生在成績上大幅進步，連高成就的學生都將明顯獲益。

回歸測驗的初衷

面對那些「必教題」，值得我們深思的是：「為什麼會有這麼多超過學生該有學習程度的考題，充斥在各種考試中？」這時就有必要認真的重新思考：我們讓學生進行測驗的目的到底是什麼。

一般來說，測驗的目標可以分為兩類，第一類是「評估學生是否學會」，第二類是「評估誰的表現比較好」。大家可以想一下，在教學現場什麼時候需要前者？什麼時候需要後者？

在教學的過程中，教師需要隨時了解學生的學習狀況。無論是在教學前想知道學生對相關概念的先備理解，或是在教學後想知道學生學習的成效，都需要藉由測驗來作評估，提供教師決定教學前的起點，以及教學後要進行延伸補充或補救教學的依據。這時，我們需要的就是第一類的測驗。

如果學校有數理資優班，想要評估學生是否適合進入這些特殊班，那也需要進行測驗來作為評估依據。除了需要符合特殊教育法規的規範以外，我們往往還需要區分學生能力的高低，當最後的名單選擇 A 同學而捨棄 B 同學時，我們需要能從測驗結果看出 A、B 同學能力上的差異。這時候需要的就是

第二類的測驗。第二類的題目，需要比較強的「鑑別度」。

　　此外在一些智力測驗中，會用「數量」來作為鑑別的手段，例如在 100 分鐘裡面安排了 300 題。所有的學生一定無法全部寫完，我們就可以從他們寫的題數中，鑑別出學生能力的高低。當然也可以用題目延伸的廣度或深度來作為鑑別的手段。這也是第二類測驗的特徵，要用各種方式來區分出學生的差異。

　　在絕大部分學校裡的測驗，「診斷性」的重要性都遠遠高過「鑑別度」。從隨堂測驗到段考，原本目的應該是為了檢測學生學習成效，也就是學生該學會什麼就考什麼。舉例來說，如果課程教的是「不需進位的個位數加法」，那麼測驗題目自然應該聚焦在個位數加法，並且避開需要進位的題目。

　　假如測驗結果是每個學生都考滿分，那就代表這個單元的學習成效良好，等學生都把內容學好了，教師就可以放心進入下一段教學。如果發現有許多學生分數考得不好，老師就該找出可能的原因，並進行補救教學。所以更好一點的題目，還希望能從學生作答情況中看出可能的學習問題，也就是要有「診斷性」。

　　兩類測驗的目的不同，出題思維自然也就有所不同。在學

校中，測驗目的通常是要「評估學生是否學會」，但不知道為什麼，老師、家長、學生們總是把測驗看成是要「評估誰的表現比較好」，總是喜歡在所有地方要比個高下、分個排名，非得要知道我的考試分數有沒有比你多一分，彷彿考第一名就代表我的學習完成了，不小心扣了兩分就代表我的學習失敗了。

老師有時候會怕「題目太簡單，大家都考 100」，刻意把題目加一點變化，讓「厲害」的學生可以多拿一點分數，區分出誰是第一名、誰是第二名，希望得到比較高的鑑別度。但即使是追求鑑別度的測驗，也不能喪失「效度」，也就是不能脫離原本的學習目標。就像學生去比 800 公尺跑步，可以依照速度分出名次，但不可能用這個名次作為比較自然科學習成效高低的指標，這是對評估自然科學習能力「無效」的測驗。

可是這些「變化」經年累月的愈加愈多，常常最後就變成了四不像的「怪獸題」，就像前面提到的蝙蝠飛行題目那樣。這樣的測驗題目遠遠脫離了要學生理解「聲波」及「聲速」的本意，只是挖空心思要把題目「出難一點」而已。這就是把兩類測驗的目的混雜之後，會對教師的教學和學生的學習造成許多干擾。

　　老師、家長與學生都應該了解，在學校中的學習活動都是為了學生能力的成長；每次的測驗都是為了檢核學習成效、診斷學習成果，用來評估下一步該怎麼走。而不是把每一次考試都當成一個競技場，把打敗場上所有人成功奪得冠軍當作唯一的目標。

Q 如何開啟孩子的探究能力？

觀察是探究之母。觀察是多面向的，每個孩子一出生、開始有知覺感受，就展開他的觀察旅程。他們會用手去抓身邊的任何東西，也常常會把東西放進嘴裡。他們總是很想知道，身邊這些東西是「什麼」？

等孩子長大一點之後，也都會經歷一段破壞力很強的階段，拿到筆就想亂畫，拿到什麼裝置就想把它拆開看看，在外面看到車子就會想摸一下，看到水坑就想踩下去。直到父母對他們說過無數次「不可以」之後，他們才慢慢「變乖」。不再亂畫，也不再亂摸、亂踩。

給予探究的機會

當然，好奇心會殺死貓，也會造成危險。我不是說小孩做任何事都該被鼓勵，不需要被教育，他們當然需要被指導去適應安全和社會規範，慢慢的學習做出適當與安全的行為。許多時候父母心無餘力，只能用最快速、有效的方式告訴孩子：「不

行」，讓他們快速學會某些規範。

　　然而當大人對於孩子所有的探索，給予的回應一律都是「不行」，就可能會讓孩子失去許多探索與發現的機會，因此，大人需要多花一點心思，讓孩子在合適的情況下進行探索。

　　當然，如何在「讓孩子盡情探索」和「維護孩子安全與家庭整潔」的拉扯之間進行權衡，是相當考驗家長智慧的事，不過我想提醒的是：許多小小孩的遊戲，像是那些亂摸、亂咬、亂拍，常常是他們的「實驗方式」，只要在安全的前提下，有時候家長不妨放手讓他們試試看。

　　平時家長如果心有餘力，不妨在家裡準備一面牆，告訴孩子：「在這裡，你畫什麼都可以。」當孩子用手觸摸路上的車子時，可以停下來請他看看手指說：「你看看手指上有什麼？」然後幫他擦一擦，繼續往前走；偶爾可以在下雨時，幫孩子穿上雨褲、雨鞋，告訴他：「你今天可以盡情踩。」在確定水坑不深、安全的情況下，踩水坑是很過癮的。

　　這些看起來不受控的孩子亂玩行為的背後，潛藏的是孩子不受局限、對世界充滿好奇的心靈。孩子對世界的各種探索與觀察，一開始或許的確看不出什麼「成果」，但長期下來就會累積非常多的經驗，成為更多、更深入觀察的基礎，逐漸將觀

察結果轉化為一個個疑問的素材。

避免過度指導

等待小小孩長大一點，口語、繪圖、書寫等能力更好一點時，他們就會用說的、畫的或寫的，把他們觀察到的有趣事物記錄下來。家長其實只需要扮演跟小孩對話的角色就行了，多跟他們聊聊他們說的、畫的、寫出來的東西。除非他們來求助，說他想要描述某件事物，但是一直做不好，希望父母幫他想想辦法，否則大人無須給他們太多的指導規定。藉由一些對話，有時當父母表達一些閱聽之後不理解的點，對孩子來說就能提供許多幫助，因此不需要太過積極的過度指導。

「過度指導」一直是我觀察到台灣父母容易犯的教養錯誤。父母常常沒辦法忍受孩子的作品太過幼稚，於是忍不住過度指導、甚至直接插手協助。例如我的孩子小時候，曾發生一件讓我印象深刻的事。

有一年放寒假前，幼兒園發給每個小朋友一個白色的紙燈籠，讓他們回家完成彩繪，作品將在元宵節那天掛在幼兒園裡展覽。我們讓孩子依自己的想法創作，想當然，成品就是一個

沒有受過訓練的中班小孩能畫出來的樣子。但到了元宵節當天，我們卻在幼兒園看到一盞比一盞更精美的燈籠。

台灣父母對於這種會產生公開比較，或甚至會有比賽名次的場合，似乎極端敏感，常會希望自己的孩子在那些場合中展現出「神童等級」的作品，而不是符合那個年紀的孩子、真正屬於孩子的作品。父母彷彿等不及孩子能在一夕之間長大，展現羨煞旁人的天賦，交出一份大人眼中「成熟」的作品。

但請別忘了，長大需要時間，成熟必經歷練，等待與陪伴的耐性，是台灣父母必須學習的功課。

和孩子在生活中一起探索

等到孩子的能力更成熟一點，當然就可以指導他們用不同的技巧有系統的進行記錄。我們總是會把觀察到的許多現象納入自己大腦的經驗庫中，也會將讀到的知識一併納入。我們常會自動合理化許多現象，也必然會把觀察到的現象進行分類、歸納、推理。但只要累積得夠多，就一定會發現許多新的現象和原本認定的分類方式或推理有矛盾，或是對現存知識產生無法理解的現象。這些無法理解或矛盾的訊息，就會促使我們提

出一個「為什麼」的問題。

　　許多孩子成長到某個階段，都會開始瘋狂的問「為什麼」，這段時間也常常是父母最難招架的時期。大人面對孩子的「為什麼」問題時，常常直覺想到的回應就是直接告訴孩子自己腦中記得的答案，如果不清楚的話，就打開電腦查一下 google 就行。大部分情況下，我認為家庭裡若能出現這樣的對話與互動是很好的。不過有時候，我們可以對那些「答案」提出一些質疑：「這個答案是真的嗎？」、「我們有辦法證明嗎？」、「他們怎麼知道的？」、「有其他可能性嗎？」有時候我們也可以和孩子一起，試著尋找屬於自己的答案。

　　我們家的小朋友在幼兒園時期，有一次聽到老師偶然提到「黑色的東西比較會吸熱」，當時老師等於提供了這個權威的答案。小朋友回家提到這件事情，我就問他說：「這是真的嗎？我們來想個辦法實驗一下吧。」我隨手拿了一張白紙和黑布，蓋在兩支溫度計上，然後打開一盞 100W 的白熾燈泡照在上面，過幾分鐘，果然觀察到黑布下的溫度計溫度上升得較多。

　　正當我自我感覺良好，一招實驗就讓小朋友心服口服時，他馬上提出問題：「爸爸，可是我覺得是因為黑布上有很多洞，但是白紙上面沒有洞，所以黑布才會比較熱。」

　　喔，我的天！原本想說小朋友好騙，隨便弄個實驗就想糊弄過去的結果，就是馬上被打臉啊！一給小朋友機會，他也馬上提出「有其他可能性嗎？」的問題。讓我只能馬上拿另一張白紙，在上面塗黑之後，再做一次實驗，小朋友才心滿意足的相信。

鼓勵孩子觀察，別急著給答案

　　費曼在《你管別人怎麼想》中提到父親教導他的故事，讓他明白「認識鳥的名字」和「真正懂這隻鳥」是有巨大的差別。這個故事接下來是這樣的：

　　他又接著說：「瞧，那鳥兒總是在啄牠的羽毛，看見了嗎？牠一邊走一邊在啄自己的羽毛。」

　　「是。」我說。

　　他問：「牠為什麼要這樣做呢？」

　　我說：「大概是牠飛翔的時候弄亂了羽毛，所以要啄著把羽毛再梳理整齊吧。」

　　「唔，」他說：「如果是那樣，那麼在剛飛完時，牠們應

該很勤快地啄，而過了一會兒後，就該緩下來了——你明白我的意思嗎？」

「明白。」

他說：「那讓我們來觀察一下，牠們是不是在剛飛完時啄的次數多得多。」

不難發現，鳥兒們在剛飛完和過了一會兒之後啄的次數差不多。我說：「得啦，我想不出來。你說道理在哪兒？」

「因為有虱子在做怪，」他說，「虱子在吃羽毛上的蛋白質。虱子的腿上又分泌蠟，蠟又有蟎來吃，蟎吃了不消化，就拉出來黏黏的像糖一樣的東西，細菌於是又在這上頭生長。」

最後他說：「你看，只要哪兒有食物，哪兒就會有某種生物以之為生。」

現在，我知道鳥腿上未必有虱子，虱子腿上也未必有蟎。他的故事在細節上未必對，但是在原則上是正確的。

費曼的父親引導費曼去觀察鳥的動作，提出問題，但並不在一開始就給予答案，而是讓費曼提出猜想後，提出一個驗證猜想真偽的方式來檢驗。最後費曼提到，雖然父親的答案未必是正確的，但整個過程就是科學方法的實踐與練習。

你可能會問：是不是因為費曼是天才，才會提出猜想？其實我相信更重要的原因，是來自他父親跟他的互動方式：不知道答案時，提出猜想不會被責罵，反而會得到回應與讚美。長久下來，提問就成為孩子的生活習慣了。

家長無須全知全能，引導陪伴才是關鍵

如果孩子對於現象還無法提出猜想，那麼美國天文物理學家泰森的做法就很值得參考。他建議用「我們聽說」的方式作為引導，提供一些現成的猜想，讓孩子想辦法進行驗證。

這是一種家長協助孩子進行「探究」的對話方式，為孩子提供指引，但又沒有把話說死。重點就在於，別告訴孩子我們提到的說法是正確的或是錯誤的，為問題留下一個探索的空間。例如：

- 我聽說，以前有個希臘哲學家亞里斯多德，認為輕的東西比如羽毛，掉落的速度會比石頭來得慢。
- 我聽說，以前有個希臘數學家阿基米德，認為物體把愈重的水擠到旁邊的話，浮力就會愈大。

◉ 我聽說，彩虹總是出現在太陽的另一邊。

當孩子跑來告訴你某些他發現的規則或是他聽到的事情時，你可以問他：「你怎麼知道？」他可能會回答你：「看書的」、「查到的」、「老師說的」。那麼你就可以進一步問他：

「真的嗎？會不會有什麼其他可能性？」

「我也有聽過這個說法，但你能不能想辦法測試這個說法的正確性？」

「我不確定你說的對不對，你能想辦法證明給我看嗎？」

透過問題的引導，讓孩子去試著想一些可能可以支持或是否定這個說法的測試。

說到這裡，可能有些家長會覺得有點焦慮，擔心自己科學知識可能不夠豐富，沒辦法給孩子正確的答案。但是想要讓孩子學會思考或探究，重點並不是「給答案」，而是「提問題」，然後給予支持和鼓勵，只要你用心聆聽孩子的論述，並且試著回饋一些問題，然後陪著他一起找答案，就是最好的方式。

所有探究的起頭就是提出好問題。要怎麼提出好問題？就是要習慣提出問題，不習慣別人說什麼你就相信。

——小 P 老師

PART

3

如何在課堂上
教探究？

「讓學生做探究」，不等於「教學生做探究」。
透過適當的教學設計，提供剛剛好的學習鷹架，
幫助孩子跨出探究的第一步！

　　「科學探究課程」是科學教師提取專業科學活動中能對學生產生幫助的部分，轉化為各種課程活動，希望學生能從中學習科學探究的思考方式與技能，讓他們具備更強的能力、態度與習慣來面對未來挑戰。

　　科學探究的技術往往複雜且艱難，教師的任務即在化繁為簡，使學生能從自己原本的「已知」為基礎，向上學習「未知」。科學教師的眾多專業之一，就是挑選適合的單元，搭配學生的學習階段設計課程活動，讓學生的科學探究能力得以持續成長。

　　探究課程可分為三個階段（圖 3-1）。

　　在過去的課堂中，教師常常會先直接介紹已知正確的理論，並用各種不同的測驗，讓學生反覆練習精熟。這裡先不談純知識記憶的部分，在學習已知正確理論與應用的課程情境，如果用上述的三個探究課程階段來看，這樣課程形式往往是略過了第一、二階段的探究脈絡，直接進入第三階段——「已經形成理論後的各種應用」。

　　第三階段的重點，是在介紹理論後，運用不同狀態情境，讓學生運用這些理論，辨認出何種情境應該使用何種理論來解決問題，其中確實會運用到許多邏輯推理的能力。例如在知道

第一階段

從觀察作為起點，然後找尋關聯與因果。我稱之為：從「What」
到「How」階段的探究。

第二階段

從觀察或是第一階段找到的關聯或因果作為起點，找出適當的理
論或猜想，並設計實驗加以驗證。我稱之為：用「How」去驗證
「Why」與「What」的探究。

第三階段

從已經建立好的理論作為起點，運用已知的理論進行預測或提出解
釋。在這最後一個階段中，主要是運用已知的理論，反覆的以不同
情況去挑戰或應用，讓學生重複思考，因此能精熟理論、運用自如。
我稱之為：從「Why」到新的「What」的過程。

圖 3-1　探究課程三階段

力平衡與浮力原理之後，看到蘋果原本會沉在水底，在水中溶
進一些鹽之後，蘋果就浮起來了。從浮力原理可以知道，加了
鹽之後，浮力會增加，當浮力大於重力時，蘋果就會開始往上

浮。這就是用原理去解釋現象（Why）後，可以推論與事實（What）的連結，或預測新的事實的過程。

這樣的課程，我認為也是屬於探究課程的一部分，但是對學生的學習來說，卻不完整。學生可以知道或運用一個理論、一個定義，但沒有學到：當初科學家是怎麼發現這些理論的？或是當時是怎麼想到要問這些問題的？他們看到了什麼？察覺到了什麼？想像了哪些可能性？用哪些方法驗證這些可能性？這許多的可能性，又因為哪些實驗事實，讓我們發現了無解的矛盾而被捨棄？這些是第一、二階段的探究課程要學習的，也是第三階段的探究課程無法達到的。

第三階段的課程類型，許多老師已經很熟練，只要再檢視課程內容與評量內容，捨棄太過蕪雜刁鑽的內容即可，本書就不再贅述第三階段課程模式，因此在接下來的篇幅中，我將特別針對第一、二階段的探究課程進行說明。

探究課程的設計，應依據學生處在不同的學習階段和不同的學習主題，找尋適合搭配的探究技能進行學習。以下的說明主要以國中學習階段為主，並搭配以實際的教學案例，提供老師們在探究課程設計上的參考。

尋找因果與關聯
——從「What」到「How」

　　探究過程中會遇到許多問題的挑戰，我們可以將這些問題分為三類，分別是：談論關聯或因果的「How」問題、提出解釋的「Why」問題，以及找出事物本質的「What」問題。當我們開始進行科學探究，這幾種問題會不斷的交錯出現，一層一層愈來愈深入。

　　例如：感受到風吹過來時，我們會告訴孩子說「這就是風」（What）。接著，我們可能會觀察到一些關於「風」的特性或因果關係，例如：白天時，風常從海上吹往陸地，晚上則相反，這就是察覺到了風與日夜的因果關係（How）。然後提出解釋：白天陸地較熱，陸地上方的空氣被加熱後上升，海面上方較冷的空氣就會補進來；晚上時，海面降溫速度較慢，

變得比陸地溫暖，晚上風向就會相反（Why）。

　　這個現象解釋完之後，我們對於「風」這個現象本質的理解，就更加深一層。接下來，可能就會產生新的因果關係和解釋的探索，像是空氣的溫度與密度關係、氣體粒子碰撞等等。在一系列的探究之後，我們會對「風」有更進一步的認識，知道風是一大堆的空氣分子碰撞運動的巨觀結果。這個新的「What」，就遠遠比一開始的「What」深入。這就是「What」、「How」與「Why」問題交錯出現之後，對於事物本質產生更深入的理解。

　　那麼在課程設計上，要怎麼開始呢？接著我們就來談第一階段「尋找因果與關聯」。這一階段要先「營造情境，建立連結」，然後在我們所營造出的情境中訓練學生「觀察」、「計畫」、「執行」、「分析」、「發現」與「傳達」等能力。

開始之前：營造情境，建立連結

　　探究不是從零開始，就像人類要認識一個新的事物現象，也必然會連結到自己舊有的經驗，從舊經驗開始尋找比對，經過一番新、舊經驗的交戰後，才會把新的事物現象納入自己的

認知庫中。

　　例如：當法國人來台灣第一次看到芋頭，發現這是一種他們從來沒看過、沒吃過的東西。首先，他們觀察芋頭的外觀及氣味，感覺這個食物對他們而言非常陌生；接著把芋頭放進嘴裡嚐嚐，感覺似乎有點像是過去吃過的馬鈴薯或地瓜。於是在他們的認知中，就會將「芋頭」這種食物和馬鈴薯、地瓜歸為同一類。三種食物之間有許多相異之處，但也有著部分相同的特徵，我們在建立認知時，適當的方式是和原本的經驗比對，才比較容易建立新概念。

　　新概念的建立需要嘗試、體驗，也需要時間。所以要學生認識一個新的科學理論，如果憑空出現他們很陌生的訊息，對學生來說自然是難以理解的。因此**探究的第一步，就是先讓學生「有經驗」**。

　　在第一階段正式開始之前，教師首先要引入情境，讓學生能夠明確知道我們目前關注的主題是什麼，協助喚起學生記憶中與探究主題相關的經驗，或是在課堂上透過情境設計來幫學生創造經驗。

　　其實課堂中許多科學主題，學生原本就有相關的舊經驗。例如「浮力」，學生多少都曾感受過浮力，不管是因為游泳進

入水中時覺得自己變輕；從游泳池旁的梯子爬上來，離開水面時感覺自己好重；或曾經在水中拿過石頭，感受石頭在水中和離開水時的重量差異。因此在進行浮力課程的第一步，就是先把他們的經驗提取出來並進行整理。

然而每個人的經驗都不盡相同，例如有些學生可能過去對於浮力比較缺乏觀察，就會覺得「浮力」概念抽象難懂、提不起興趣。這時我們就需要在課堂中創造經驗，例如可以拿一顆籃球放入裝滿水的水桶，讓學生試著把籃球往下壓入水中，感受籃球所受到的抗力；或是拿塊磚頭或其他重物，讓學生比較磚頭在水桶外或內的重量感受差異，從實際操作與觀察中獲取有關浮力的經驗。

無論是提取舊經驗或創造經驗，在課程開始前營造情境的安排，目的就是在幫學生建立起「探究主題」與「個人經驗」之間的連結。

步驟一、觀察：察覺差異、提出猜想

建立起連結後，就可以開始引導學生仔細觀察現象，察覺現象與過去經驗間的差異，並找出可能原因、提出猜想。

　　例如在「單擺」的課程中，教師可以準備擺長長短、擺錘輕重、擺角大小皆不同的數個單擺，讓學生觀察它們擺動時週期的差異。確立研究主題是「單擺週期」之後，請學生列出這些單擺之間可能有哪些相同處、哪些相異處，以及有哪些差異是會影響單擺週期的。

　　又如在認識「光合作用」的課程中，教師可以準備一罐沒有裝水的大寶特瓶，裡面有幾片日日春的葉子；另外準備一罐裝一些水的小寶特瓶，裡面放幾片台灣欒樹的葉子。將兩個瓶子灌入少許二氧化碳之後，大寶特瓶放入紙箱中封起來，小寶特瓶則是放在太陽光下曝曬。經過 20 分鐘後，放入一些澄清石灰水，搖晃並檢驗一下。結果發現，前者會混濁，後者會澄清。教師可以要求學生將觀察到的相同處與相異處列出來，然後進行猜想。

　　前者的探究主題是單擺擺動速度的快慢，後者的探究主題是光合作用，用來檢驗的策略則是二氧化碳與澄清石灰水的反應。這類情境中都有複雜的變因可能造成影響，就形成學生待解決問題的起點。

　　在「單擺」問題的探究中，學生可以用自己在課堂中建立的經驗提出猜想：「擺錘愈重，愈不容易移動，所以擺錘愈

重，單擺週期愈長」，或是「擺角愈大或擺長愈長，單擺擺動一次週期的距離愈長，所以週期愈長」。這並不是亂槍打鳥的隨意改動變因，而是因為有了前面的觀察經驗，有意識的去提出有意義的猜想。提出這些想法後，就可以讓學生練習把探究問題明確的提出來，像是：「如果改變擺錘的重量，單擺的週期是否會隨之改變？」、「如果增加擺長的長度，單擺的週期是否會隨之改變？」

國中學生的特質與國小學生不同，不再像過去那樣總能夠輕鬆自在的表達意見，青春期的他們已經邁入一個十分在意同儕眼光、小心翼翼深怕自己會說錯或會丟臉的階段。因此對於大多數國中階段的孩子而言，要回答像「提出適當的探究問題」這類開放性較高、不容易掌握正確答案的提問，往往是很難跨出的一步，無法一蹴可幾。在教學過程中，教師要提供學生許多鷹架，以協助他們有策略的察覺可探究的問題。

步驟二、計畫：根據猜想，擬定實驗計畫

應變項的測量與觀察，在步驟一的「觀察」階段就會被提出。在步驟二，除了確認學生知道如何測量或觀察之外，也該

討論此探究主題在課堂中受限的時間與設備下，合適的測量方式和次數。透過一次次的討論，就能讓學生逐漸理解研究總是有其限制，並非完美無缺。

在大多數的國中課堂實驗中，較少讓學生研究如何處理應變項。例如我們要測量溫度時，會拿出現成的溫度計，而不會讓學生製作一個溫度計之後來進行實驗；要測量二氧化碳是否存在時，也不會讓學生嘗試十種化合物後，挑選出一項適合的檢測物質，而是直接告訴學生可以用澄清石灰水來檢驗二氧化碳是否存在。要在這個部分進行訓練，可以給學生超過需要的器材或藥品，讓學生經過思考、嘗試後挑選出適當的器材，組裝成適合測量或觀察應變項的裝置。

至於自變項的部分，以國中階段學生的理解與邏輯能力來說，通常一次只處理一個自變項為宜，我們只需要讓學生在設計實驗時符合此原則即可。若須處理較複雜變因時，教師可以提供學生一些方法，協助學生規劃實驗。

以「光合作用」主題為例，學生觀察到兩個寶特瓶中，小寶特瓶的二氧化碳消失了，大寶特瓶的二氧化碳還存在。於是觀察兩寶特瓶中差異，提出可能有「寶特瓶大小」、「植物類型」、「照光與否」、「有水與否」來檢驗到底是哪種因素

影響瓶中的二氧化碳濃度。教師可以指導學生，將這些因素以表格方式陳列出來，然後填入實驗的參數，作為實驗設計的引導。假設要驗證寶特瓶大小是否會影響二氧化碳的存在，那麼應該如何填寫表格呢？

寶特瓶	植物類型	照光	水
大	黃金葛	是	有
小	黃金葛	是	有

此表格可以作為示例給學生參考，並且讓學生以其他變因做練習，填寫實驗參數表格。例如：若要檢視植物種類是否會影響瓶中的二氧化碳濃度，該如何設計表格呢？

寶特瓶	植物類型	照光	水

有時候，教師也可以給學生一個關聯或因果的描述，讓學生去驗證。以「浮力」主題為例，提供阿基米德的浮力原理：

「浮力等於排開的液重」，此原理內容描述的是完整的影響浮力大小的因素，這個定理描述了一個完整的「How」問題。請注意，此時的浮力原理扮演的角色並非第三階段的「已知正確理論」，而是第二階段的「待驗證假說」，而且是關於因果或關聯描述（How）的假說，而非進行解釋（Why）的理論。老師在陳述此原理時是以「有人曾經提出這個說法，我們來檢驗看看」的角度提出的。

　　學生在前述「觀察」階段中，已經察覺到浮力的存在，也察覺到一些浮力的規則，例如：「越是把籃球壓入水中，浮力就越大。」那麼在檢驗理論時的第一步，就是先和過往的經驗對照，看是否吻合。再思考：如果這個定理描述是正確的，那我們可以提出什麼問題來驗證這個定理？例如：「如果浮力等於排開液重，那當物體完全沒入水中之後，再往下潛入更深的話，浮力應該不會改變。」這就是根據定理先做出預測，再依據這個假說去設計實驗。學生可以在假設此定理為正確的前提下，想出不同的假說作為研究的主題。

　　教師也可以提供一個錯誤的定理。例如設計一位虛擬人物叫做阿呆米德，阿呆米德提出的浮力原理版本為：「浮力大小的克重數等於排開液體體積的毫升數。」學生同樣要檢視此理

教出科學探究力

論是否和原本經驗相符，並且預測在此定理為正確的情況下，進行什麼樣的操作會得到什麼結果。接下來就真的進行實驗加以驗證。但同樣請注意，不管是正確理論還是錯誤理論，都是「老師知道但學生不知道」的狀態。對學生來說，都是待驗證的理論。

教師也可以同時提供上述兩個定理，或者提供一系列的假設。例如：

假設阿基米德是對的，那麼我將一個 100gw 的木塊放到水裡的話，會<u>排開 100gw 的水</u>；假設阿呆米德是對的，那麼我將一個 100gw 的木塊放到水裡的話，會<u>讓水位上升 100ml</u>。

底線粗體部分的內容，可以讓學生討論預測，並且實際進行實驗。以國中的實驗器材來說，就會做出兩者都吻合的結果，分不出來誰對誰錯。此時就可以挑戰學生：「那如果要分出到底是阿基米德還是阿呆米德誰對誰錯的話，該怎麼設計實驗？」藉此引導學生討論，如果水的密度是 $1g/cm^3$ 的話，測量上就無法區分出體積和重量的差別。那麼要探究的問題可能就會變成「如果將 100gw 的木塊放到密度為 $0.8g/cm^3$ 的酒

精中的話，會排開 100gw 的酒精還是 100ml 的酒精？」

這類「How」問題顯然不可能在課程進行中，以窮舉的方式把所有的變因都做完之後得到結論，科學上也不應該以窮舉的方式來得出答案。我們並不是閉著眼睛把所有的變因都測試完，發現浮力等於排開液體重量的；而是在觀察現象中，隱約看到了某些規則，並提出猜想之後，針對猜想去驗證的。

然而要提出好的猜想並不容易，所以在處理像「浮力等於排開液重」這樣談論因果關係的理論時，就可以用上述方式來規劃課程活動流程。先讓學生做初步觀察，然後設計一些「他人」來提出一些現成的猜想，讓學生去檢驗經驗、思考進一步驗證的方式，就形成擬定實驗計畫的方向與動機。

步驟三、執行：運用設備器材測量、觀察與記錄

相對於前面的步驟，第三步是科學教師相對比較熟悉的部分，也就是讓學生認識並學會正確且精熟的操作基本實驗器材，像是實驗中常見的燒杯、量筒、燃燒匙、刮勺、滴管、伏特計、安培計、溫度計、pH 計以及其他許多的基本器材。教師要運用每一次的實驗課，給予學生操作上的指導，讓學生獲

得檢視其能力的機會。

對於實驗的基本觀念和態度，像是器材要如何使用才安全，或是如何減少藥品汙染的風險、實驗測量或觀察時要細心與耐心等等，都是許多教師在實驗操作課程時會指導學生的內容。這些課程顯然在實驗室或實作場域中，以實際操作的方式學習是最容易、也是效率最高的。

步驟四、分析、發現與傳達：整理實驗結果，發現關聯或因果後加以描述

這段課程是要將實驗結果進行整理，從實驗結果中提取有用的資訊，以發現關聯或因果。在國中階段的實驗，較常運用來整理實驗結果的方式有：條列式的文字、表格或數據統計圖。在呈現不同類型的研究結果時，可以挑選不同的呈現方式來做呈現。

例如一些質性的觀察與比較，或許單純以條列式文字就能描述清楚；有時則需要輔以示意圖才能完整表達；有時資料較多，又要做一些比對時，以表格做整理是更好的選擇；如果主題是研究連續變化的自變項與應變項的關聯性，那麼 x-y 散布

圖會是最佳的選擇。另外，也有一些主題適合用長條圖、折線圖等方式呈現。要視研究主題的不同，挑選適當的呈現工具。

1. 整理實驗結果

在教學上，教師可以在某些單元做設計，讓學生練習將較複雜的實驗結果整理成較易閱讀的形式。以拉瓦節推翻「燃素說」的科學史為例，我們可將實驗結果用以下兩種形式呈現：

第一種

> 　　拉瓦節先將汞在有空氣的密閉空間中加熱燃燒得到「三仙丹」，發現燃燒前後總重量並不會改變。但是金屬重量增加了一些，代表空氣的重量減少了一些，接著他將密閉容器打開，發現空氣會從外面流進容器中。然後他用了普利士特利的方式，將三仙丹加熱後產生氣體，經過測量他發現：產生的氣體重量就恰好等於一開始空氣減少的重量。

第二種

拉瓦節先將汞在有空氣的密閉空間中加熱燃燒得到「三仙丹」，發現：

◉ 燃燒前後總重量並不會改變。但是金屬重量增加了一些，代表空氣的重量減少了一些。

◉ 他將密閉容器打開，發現空氣會從外面流進容器中。

◉ 他用了普利士特利的方式，將三仙丹加熱後產生氣體，經過測量他發現：產生的氣體重量就恰好等於一開始空氣減少的重量。

當學生閱讀並比較這兩種內容形式，他們自然會感覺到條列式的閱讀通常比閱讀純文字來得容易分析一些。甚至如果可以將上述文字輔以圖片甚至漫畫來呈現，會更有助於閱讀理解，也更容易能從實驗結果中獲取重要的資訊。

此外，也可以讓學生閱讀像下面這樣的模擬報導文字，練習找出文章中的自變項，將自變項作為表格欄或列的名稱，然後將實驗結果分別填入適當位置。

實驗發現，將「正常熱桔汁」倒入保麗龍杯，約五分鐘後，杯子內緣靠液面處就開始出現腐蝕現象。隨著時間加長，保麗龍杯逐漸出現一層明顯的腐蝕痕跡。五分鐘後，將飲料倒掉，觀察保麗龍杯內側，可見腐蝕現象在液面最明顯，然後往杯底逐漸減輕。

至於「加酸熱桔汁」的腐蝕顯然更加嚴重，才剛調配好沒多久，靠飲料液面的保麗龍杯內緣，就馬上出現明顯腐蝕現象。放置時間愈長，腐蝕愈嚴重。將飲料全部倒掉後，發現杯子液面部分腐蝕相當嚴重，杯子的內側全都顯現腐蝕痕跡。

作為對照組，店家另調配兩杯冰桔汁，也發現保麗龍杯均有腐蝕現象，其中「加酸冰桔汁」腐蝕現象比「一般冰桔汁」明顯。綜合上述實驗，得到的結論是：桔汁對保麗龍杯的腐蝕力，熱桔汁比冰桔汁嚴重、加酸比不加酸嚴重。

又或者在針孔成像的實驗中，若學生將觀察到的現象以純文字來呈現，可能會這樣：

「像距愈大，成像愈大」

　　這應該是大部分的國中生都能寫出的語句。教師可以進一步要求讓學生繪製示意圖，並加上對示意圖的說明如下：

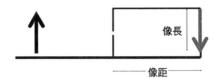

說明：左側朝上箭頭代表物體，當像距增加時，成像也會變大。

　　圖片加上文字，會比單純的文字說明更清楚。若是要再更精準一些，教師可以讓學生詳細記錄數據，最後用表格和文字描述實驗結果，例如：

像距 (cm)	像長 (cm)
5	2.05
10	4.02
15	5.99
20	8.02
30	11.98

說明：根據以上實驗結果，我們發現像距愈大，像長會愈大。

如果把上面的數據繪製成實驗數據統計圖，則可以看出更多訊息：

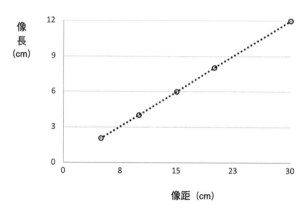

說明：根據數據統計圖，我們發現像距愈大、像長就愈大，兩者關係形成通過原點的斜直線，代表兩者成正比。

不管是表格製作還是數據統計圖的製作，教師在教學時都應檢視學生的先備技能。在規劃表格時，可以把自變項放在第一欄，應變項放在第二欄；在第一列放上名稱，並加入適當的單位。在繪製數據統計圖時，橫軸放入自變項，縱軸則為應變項，必須標示兩軸名稱和單位。

　　對許多學生來說，要正確的製作表格或數據統計圖，絕不是「不教就會」的技能，甚至需要許多次的練習才能熟練。科學教師應該設計對應課程，讓學生練習各種文字書寫、轉換表格、繪製統計圖的練習，並在過程中給予充分指導。

　　懂得挑選適當的工具呈現資訊，是需要經過指導和訓練的。教師不要認為這些都很容易，看多了就會。只要看到近年來在網路上充斥許多鬧笑話的數據統計圖，許多折線圖、長條圖或圓餅圖的誤用，甚至是各種訊息雜亂、難讀的表格，就知道製作圖表的能力是需要訓練的。

2. 解讀實驗結果

　　整理實驗結果是一項能力，解讀實驗結果是另一項能力。圖 3-2 是近代大氣中二氧化碳含量變化圖，大多數的人一眼看到這張圖片時，會認為他讀完了所有的訊息：「二氧化碳濃度一直上升。」但這樣的資訊其實太過單薄，我們在教學上可以幫助學生如何更精細的閱讀統計圖，從中獲取更豐富的資訊，在科學上獲得更多發現未知的機會。此外，培養圖表判讀的能力，也可以幫助我們在日常生活中減少被統計圖誤導的機率。

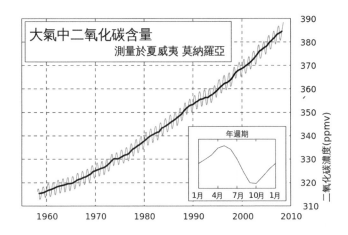

圖 3-2　近代大氣中二氧化碳含量變化
資料來源：Wikimedia Commons（https://reurl.cc/DgXj2E）

　　如何帶學生讀圖？首先，先引導學生看到橫軸資訊，橫軸刻度指的是「年份」，範圍大致從 1960 年到 2010 年，時間跨距約 50 年，每個間隔是等距的 10 年。再來用同樣的方式讀取縱軸資訊，縱軸指的是「二氧化碳濃度」，單位是「體積百萬分濃度（ppmv）」，範圍是從 310ppmv ～ 390ppmv，每個間隔是等距的 10ppmv。掌握這些資訊之後，再對數據進行整體的閱讀：「大氣中的二氧化碳含量從 1958 年的

315ppm，逐年上升到 2008 年附近，二氧化碳含量已經來到了 385ppm 左右。」這裡的閱讀，是將我們關心的「事實」部分描述出來。然而根據這樣的事實，就能說明「二氧化碳濃度過高」或「二氧化碳濃度增加的速度太快」了嗎？光憑這張圖實在有點難以回答。

有了上述的學習經驗後，我們就可以用下面這張圖來進行演練。圖 3-3 是為了教學需要而將部分訊息遮蓋住的圖。如果依圖 3-2 的讀圖方式照樣造句，學生應該可以說出：「大氣中的二氧化碳含量，從約四十萬年至今上下震盪，最低約 180ppmv，最高則來到約 300ppmv。」

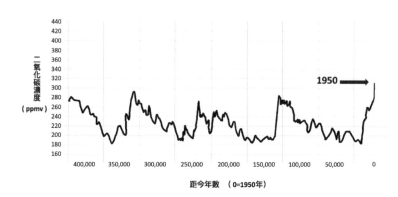

圖 3-3　四十萬年間大氣中二氧化碳含量變化（截至 1950 年）
資料來源：Wikimedia Commons（https://reurl.cc/EnXgzA）

　　拉大時間尺度後，二氧化碳濃度看起來似乎是呈現週期性的上下震盪。但眼尖心細的學生往往馬上會察覺到，近幾十年的二氧化碳濃度顯然已經遠遠超過四十萬年變化震盪的高點。

　　這時若在圖3-3上納入圖3-2的數據，就會看見一條極為陡峭且屢創新高的二氧化碳濃度成長趨勢（圖3-4）：

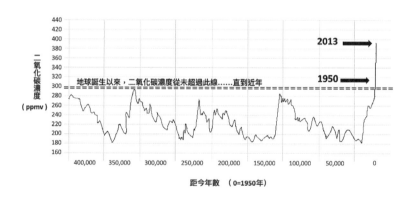

圖3-4　四十萬年間大氣中二氧化碳含量變化（截至2013年）

資料來源：Wikimedia Commons（https://reurl.cc/EnXgzA）

　　當然，若要談「二氧化碳濃度變化是否是人為所造成的異常現象」或「二氧化碳濃度變化是否會對地球形成嚴重的破壞」，這樣的問題就已經涉及極為複雜的科學分析，絕對不是

在課堂上用兩張圖就可以證明的。不過在這樣的課程設計中，學生可以透過探索全球二氧化碳濃度變化的素材，一步一步練習讀圖，並經過綜合比較之後，根據觀察到的事實提出觀點。

　　練習讀圖是很重要的學習過程，當學生學習閱讀並描述他人的實驗結果，同時也是在學習如何描述自己的實驗結果。教師可以提供範例或例句，讓學生從閱讀、仿寫中，逐漸形成自己整理數據與表達實驗結果的能力，這就是第一階段課程所期盼達成的目標。

　　這一階段的課程從觀察開始學習，產出因果與關聯類型的問題，學習設計實驗步驟與實驗實作的技巧，最後將得到的資訊整理過後，回答因果與關聯的問題。每一個步驟，教師都可以實際裝置、影片、文本營造情境、提供資訊，或提供學生能模仿參照的體例，逐步讓學生學會這些探究能力。

　　課程安排上，除了「營造情境、建立連結」是每一個新單元所必備的起始點，其他步驟都未必需要按照探究順序進行，不可能每個單元都安排完整規模的探究活動。教師可以擷取某

段文字，讓學生練習整理；也可以拿出某張統計圖來讓學生判讀。教師可以在不同的教學單元任意組合這些能力教學，最後挑選適當的一兩個主題進行較完整的探究活動即可。

　　前面提過，課綱將「探究能力」分為「思考智能」與「問題解決」兩個子項。在第一階段探究活動中，主要處理的是因果與關聯，也就是對於「How」問題的探詢與掌握，還沒有要回答「Why」問題，也就是還沒有要對現象進行解釋，沒有待檢驗的「理論」或「模型」，所以學習的重心都集中在「問題解決」上。若要進階到「思考智能」的學習，就要靠第二階段的探究練習了。

階段 2

理論發想、驗證與建立
——用「How」去驗證「Why」與「What」

　　學生在得知事物之間的因果或關聯之後，接下來很自然就會想問：為什麼會這樣？例如：

「有照光的寶特瓶，二氧化碳會消失，為什麼？」

「像距愈大，成像就愈長，為什麼？」

「愈高的地方氣壓愈小，為什麼？」

「質量愈大的物體總是愈難改變它的運動狀態，為什麼？」

　　所以在第一階段完成後，就要設計可操作、可探究的實驗，來找到這些現象背後的原因。因此我把接下來的課程，稱

為：用「How」去驗證「Why」與「What」的課程。

　　第二階段的課程可以是接續第一階段進行，也可能是探究一個新的主題。若是前者，代表已經掌握某些因果或關聯，那就是從創造理論或引進理論作為這階段的起始點。若是後者，那麼仍然會從觀察作為課程的起始點。

　　這個階段的學習目標是「想像創造」、「定題」、「推理論證」、「批判思辨」、「討論」與「建立模型」。當然只要有實驗實作，必然也有機會學習到第一階段中諸多問題解決能力，此階段的介紹就不提重複的內容，只提出有差異的部分。

　　不管是接續第一階段，或是已經完成了觀察，都代表學生對於要探討的現象已經有些初步的認識。例如：「有照光的寶特瓶中的二氧化碳會消失」或是「針孔成像的像距愈大時，成像也會愈大，並且都是倒立的像」、「愈高的地方大氣壓力愈小」。從這樣的認識為起點，進入第二階段的第一步驟，開始找尋理論、根據理論推理提出假設，並訂立研究主題。

　　然而確實有些問題，是我們只能描述現象而無法解釋的。例如前面提到的「質量愈大的物體總是愈難改變它的運動狀態，為什麼？」就是我們還沒有能力好好解釋的問題，那就只好承認我們目前還不知道答案。

步驟一、想像創造、定題與推理論證

首先，我們要為研究主題找到一個相關的理論，藉此讓學生發想，讓他們連結看過或想到的理論。方式可分為：「由教師提出一正確理論」、「由教師提出一錯誤理論」、「由教師提出兩種不同理論」。以上所提及正確或錯誤的理論，是教師知道，但學生未知的理論。

有人會認為：「要學生提出自己的理論，這實在太過困難了！」我原本也一直這樣認為，直到有一天，我聽到美國天文物理學家泰森的訪談，他說到自己和女兒之間的一個小故事：

有一天，我女兒告訴我她的牙齒掉了。我跟她說：「我們『聽說』只要把牙齒放在枕頭底下，牙仙就會把牙齒換成錢，妳可以試試看，看看牙仙是不是真的會來。」她照做了，結果隔天牙齒果然變成了硬幣。

女兒很興奮的跑來跟我說：「牙仙真的來了！」我問道：「妳怎麼知道的？」她說：「我知道啊，因為牙齒真的變成了硬幣。」

於是我進一步提問：「妳怎麼知道是牙仙做的？妳看到了嗎？」

　　「你怎麼知道的？」是一個很重要的提問。「牙齒是牙仙拿走的」這是理論，「你怎麼知道的？」這個提問則讓整個事情進入到「實驗設計驗證理論」階段。

　　後來泰森的孩子到學校，跟他同學說：「我懷疑牙仙都是爸媽假扮的（新理論出現了），我們下次牙齒掉的時候，不要跟爸媽說，自己偷偷藏在枕頭底下，看看牙齒還會不會變成硬幣（實驗方式），就可以知道答案。」短短的一個歷程，就經歷了「想像創造」、「定題」與「推理論證」。

　　這個訪談讓我眼界大開。如果連牙仙都可以當作一個議題來探究，那國中自然科課程可以探究的素材一定更多。如果連幼兒園的孩子也可以做探究，國中生的探究能力一定更強，也一定可以做出更好的成果。

　　然而為什麼我們會覺得「探究」是件很困難的事情呢？問題的關鍵在於，台灣的大人似乎很排拒學生提出幼稚無知的言論。可是學生本來就還在學習，能提出的理論當然就是在他有限的經驗和知識範圍內的。大人的排拒造就了學生的害怕，於是學生外顯出來的行為，要不是閉口不說，就是一開口全是戲謔胡謅。而不管是上述哪一種情況，都會讓「探究式教學」難以進行。

　　教師應該要營造一個友善接納的環境，鼓勵學生連結他自己的已知，加上在課堂中教師提供的情境與獲取的事實，盡可能提出一些理論。例如「照光的寶特瓶二氧化碳會消失」對老師來說，理所當然的會用光合作用來解釋；但如果試著讓學生說說他們對此現象會提出什麼樣的解釋，你可能會聽到：「照光導致二氧化碳分解」、「光線幫助寶特瓶吸收二氧化碳」、「光線幫助二氧化碳溶解在水中」、「照光讓二氧化碳被植物吸收」等等答案。

　　當這些回答或猜想在課堂上被提出來時，教師千萬不要緊張的想：「他們怎麼說出這麼無知的答案」、「正確答案就是『光合作用』啊！你們難道都沒聽過嗎？」

　　理由是：一方面學生本來就是無知的，教師就是要教導他們怎麼從自己的無知中成長。另一方面，就算學生說出「光合作用」四個字，也不代表他們真的了解了些什麼。事實上，不管是「分解」、「吸收」還是「溶解」，好像也都「對了那麼一點點」，不是嗎？

　　再以單擺的例子為例，有學生會提出：「我覺得擺錘愈重，週期愈長」、「擺角愈大，週期愈長」這樣的回應。這個回應其實很棒，教師可以進一步追問：「為什麼你會這樣認

為？」學生可能會給出這樣的理由：「因為愈重的東西，通常都跑得愈慢，跑得愈慢週期就愈長」、「擺角愈大，擺動的距離愈長，所以週期就愈長」。教師要鼓勵學生多多從自身經驗建立理論，並且在接下來的實驗中，想辦法證實自己的猜測為真或偽。科學本來就是從這些小地方慢慢累積的，這樣的過程正是展現科學本質的大好機會。

　　理論出現之後，就進入到「想像創造」與「定題」階段：讓學生思考並說出：「如果 A 理論是正確的（或 B 理論是錯誤的），那我們做……時，應該會觀察到……產生……的結果，而不會產生……的結果。」教師應對學生提問，讓學生思考如何檢視自己的理論。

　　倘若學生能經由思考或討論說出：「如果是照光導致二氧化碳分解，那麼沒有植物時直接照光，應該也會分解」、「如果是寶特瓶吸收了二氧化碳，那寶特瓶的重量應該會增加」，這就是從想像創造、推理之後產出一個可探究的問題。

　　再以針孔成像為例，理論部分可由教師提出：「請以『光線是直線前進的』為原理，解釋實驗中像距和像長的關係」，學生以繪圖和文字等方式，以光的直進性解釋部分針孔成像的現象。理論可以解釋現有的現象，是否就代表理論是正確的

呢？想一下這個例子：

　　某天一隻公雞早起啼叫，接著看到太陽升起了，於是牠產生了一個理論是：是我的聲音把太陽叫起來的。這個理論符合剛剛發生的事實。

　　這樣可以稱為「以事實驗證理論」嗎？其實還不行，如果要證明上述的理論正確，公雞還需要根據他的理論，改變不同的實驗方式來多方進行驗證。例如換成不同的時間鳴叫，或是整天都不叫，或是把自己的聲音錄起來之後播放等方式，觀察太陽的升起是否會受到影響。理論要能預測尚未進行的實驗，才能增加其可信度。

　　回到針孔成像的例子，教師就可以讓學生去想像：如果用針孔成像的裝置，有沒有其他的實驗方式，也能觀察到光的直進性呢？例如，原本觀察的是像距與像長的關係，如果調整變成觀察物距與像長的關係，又會如何？除了針孔成像裝置外，還有哪些現象能夠證明光的直進性呢？

　　這一階段課程其實很像前面提到的第三階段課程，應用已知正確的理論解釋各種現象。但其中有個微妙的差別是，在第

二階段時，對學生來說運用的理論是尚未被驗證正確或可行的，也希望學生能夠調整實驗的方式來對理論做多方驗證，所以實驗進行的過程中，是抱持著懷疑的態度在運用理論的，這也是需要學習的重要科學態度。

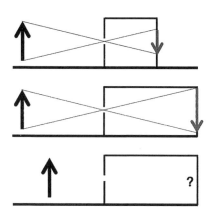

圖 3-5
以光線直進性解釋像距與像長的關係，再預測物距與像長的關係

再以大氣壓力的主題為例：「氣體壓力來自於氣體的重量」或是「氣體壓力來自於氣體粒子的碰撞」，這看起來像是

兩種不同的理論。我們可以分別依據這兩種理論提出假設：

- ◉ 愈高的地方，上方的氣體愈少，壓力就愈小。
- ◉ 在密閉空間中，體積愈小，空氣粒子愈擁擠，碰撞到器壁的頻率愈高，壓力就會愈大。
- ◉ 密閉空間中，溫度愈高，空氣粒子速度愈快，碰撞到器壁的力道和頻率都會愈高，壓力就會愈大。

做出適當的假設之後，就可以根據假設進行實驗了。

有些自然現象較為簡單直觀，例如在前面提到單擺的實驗中，學生比較容易提出自己版本的理論。但若像是大氣壓力、電阻的成因、燃燒的現象、電的產生之類的主題，學生並不太容易自己想像出較為合理的猜想，因此教師可以直接給予正確的理論讓學生去驗證。

除此之外，也可以給予學生錯誤的理論。但是「優秀的錯誤理論」並不容易設計，老師明知道正確的理論時，要憑空想像一個錯誤理論作為教材讓學生去比較，是很困難的。若要尋找夠好的錯誤理論，可以從「科學史」下手。科學史曾經出現過許許多多精采的錯誤理論，例如「燃素說」就是解釋燃燒

現象的一個精采的錯誤理論。讓學生比較生物電和金屬電的理論，也能成為很好的探究課程設計素材。

步驟二、計畫與執行、分析與發現

這個階段的計畫與執行、分析與發現在教學和實作上，都跟第一階段方式相同。不同之處在於第一階段時，我們對於研究主題的認識還很少，是較為發散的在進行許多測試，以利我們更認識研究主題。第二階段的實驗目標，是有待驗證的理論，所以所有的實驗步驟、分析方式都要緊扣主題，會比第一階段更為聚焦。設計實驗時，會一直聚焦在「如果這個理論是正確的，那我們做……時，應該會觀察到……產生……的變化」這樣的目標上。

步驟三、討論與傳達、推理論證、批判思辨

在這個階段，我們希望讓學生能學習到如何根據現有的實驗事實和理論，對於現象背後的原因做出清楚的推論和陳述。如果你的想法與他人不同，要如何理解他人的想法後提出反駁

的意見。我們都期待學生能對其研究表達自己的觀點，能說出研究的來龍去脈，但學生往往只會對研究內容做出很簡單的陳述，當然也很難對於不同意的觀點做出有品質的反駁，這就是科學教師在教學上需要著力之處了。

這個階段的課程以「論證」作為核心，提供學生科學論證模式，讓學生在論證中培養各種能力。科學教育界曾發展出許多不同的論證模式，最有名的應該是英國哲學家史蒂芬・圖爾明（Stephen Toulmin）提出的「TAP 論證架構」（Toulmin Argument Pattern），但是 TAP 論證架構對教學現場的教師來說雖然很完整，但有點過於複雜且龐大，在一般部定課程的課堂上較難操作。

我在找尋適合的論證架構時，讀到新竹光華國中簡志祥老師在其部落格分享的〈科學論證與批判性思考的教學運用〉，文中提到「CER 論證模式」，這模式規模較小也較單純，對學生來說學習門檻較低、較快可以上手應用，是我覺得可以推薦應用在此步驟的模式。

CER 三個字母指的是「主張」（Claim）、「證據」（Evidence）與「推論」（Reasoning）三個基本元素。在學生完成實驗、要陳述實驗結果時，教師可以提醒學生：論述要

包含「主張」、「證據」與「推論」三個基本元素，並且和前面的方式一樣提供實例，讓學生參考、模仿後再創作。

在實作型的學習過程中，往往非常需要適當範例的引導。教師可以提供一個寫好的範例，告訴學生書寫論證內容時，要如何包含主張、證據和推論。舉例來說：

問題	寶特瓶中的二氧化碳為什麼會消失？

主張	我認為是黃金葛在照光的時候會吸收二氧化碳。

證據	因為寶特瓶內如果沒有黃金葛，照光後二氧化碳並不會消失；有植物的寶特瓶如果沒有照光，二氧化碳也不會消失。	推論	黃金葛在有光的時候會吸收二氧化碳，使寶特瓶中的二氧化碳消失。

組合成文章就變成：

寶特瓶中的二氧化碳為什麼會消失呢？我認為是黃金葛在

照光的時候會吸收二氧化碳。因為寶特瓶內如果沒有黃金葛，照光後二氧化碳並不會消失；有植物的寶特瓶如果沒有照光，二氧化碳也不會消失。因此我認為，黃金葛在有光的時候會吸收二氧化碳，使寶特瓶中的二氧化碳消失。

　　經過反覆幾次練習之後，學生就可以練習自己寫出主張、證據和推論。此外，也可以練習寫出反駁的主張。例如：

　　我認為寶特瓶中二氧化碳之所以會消失，並不是因為被陽光照射而分解。因為陽光照射空的寶特瓶一陣子後，二氧化碳並沒有消失。如果陽光能夠分解二氧化碳，那麼即使沒有植物，照光也能讓二氧化碳消失。

　　以氣體壓力的實驗為例：

　　我認為是氣體的重量造成氣體的壓力。根據測量的結果，四樓的氣壓最小，樓層愈低，氣壓愈大，在一樓平地時氣壓最大。愈高的地方上方的氣體重量愈小，壓力就愈小，因此我認為是氣體的重量造成氣體的壓力。

如果學生已經熟練這三個基本元素，還可以再加入第四個元素：「反駁」。也就是在文章中不但提出支持自己的觀點，同時還反駁其他人的觀點。

問題	寶特瓶中的二氧化碳為什麼會消失？

主張 1	我認為是黃金葛在照光的時候，會吸收二氧化碳。

證據	因為寶特瓶內如果沒有黃金葛，照光後二氧化碳並不會消失；有植物的寶特瓶如果沒有照光，二氧化碳也不會消失。	推論	因此我認為是黃金葛在有光的時候，會吸收二氧化碳使寶特瓶中的二氧化碳消失。

主張 2	可能是陽光照射使二氧化碳直接分解。

反駁	有些人提出可能是陽光使二氧化碳分解，因為寶特瓶會蓄熱，瓶內溫度夠高。 但陽光照射空的寶特瓶一陣子後，二氧化碳並沒有消失。如果陽光能夠分解二氧化碳，那麼即使沒有植物，照光也能讓二氧化碳消失。

透過上述方式，讓學生陳述自己的實驗結果並與其他同學討論甚至辯論，在過程中慢慢的學會如何表達自己的觀點，以及學習表達反駁意見的方式，同時理清一小部分的科學概念。最後就進入到下一步：建立模型。

步驟四、建立模型

課綱中，國中階段的「建立模型」敘述如下：

tm-IV-1 能從實驗過程、合作討論中理解較複雜的自然界模型，並能評估不同模型的優點和限制，進能應用在後續的科學理解或生活。

科學家常會將其研究成果用簡明的方式來表示，用來描述複雜真實世界運作的規則，這個簡明的表示方式就是一種「模型」。實際上不只是科學家，我們在認知一項事物時，同樣不會把事物的所有細節全部記起來，而是挑選一些重點、關係、模式組成一套對自己有意義的訊息後，再放入自己的認知中。

科學家常常會運用各種圖像、符號、地圖、圖表、數學公

式等方式來呈現科學發現，對學生來說，也可以學習運用這些方式來認識自然規律。這些科學的定理與模型有部分當然適合以講述法直接傳達，介紹許多概念之後，慢慢整理歸納，形成通則或模型。教師再接著運用各種正面、反面的例子，讓學生運用所學的通則在解決問題的過程中釐清自己的觀念，將形成的模型在運用的過程中再調整、修整成更精緻的樣貌。這就是我稱之為第三階段的探究：理論的應用與精緻化，也是課綱「建立模型」中提及的：「（將模型）應用在後續的科學理解或生活。」

　　在第二階段的「建立模型」，指的是前一段所提及的「能從實驗過程、合作討論中理解較複雜的自然界模型，並能評估不同模型的優點和限制」。從第二階段的探究流程到最後的階段，根據待驗證理論和實驗結果，就可以綜合得出經實驗檢驗過的理論。這和第三階段的模型，直接從權威角色——也就是教師——取得的模型不同的地方在於，經由自己實驗驗證過的模型，可以讓學生經歷模型被檢驗後強化確認或是修正的歷程，這是直接採用第三階段的教學方式所無法取代的。

　　以針孔成像為例，是先進行實驗觀察，以光的直進理論檢驗，接著以光的直進理論預測，檢驗預測成真，進而確認光的

直進性。當孩子發展到國中階段，我們可以用這樣的過程建立學生對光行徑路徑的理解，在後續的課程中，也可以不斷運用此特性來理解更多光學現象。

　　以大氣壓力的來源為例，可以簡單的從學生已經學過的「水壓」連結到大氣壓力來自上方空氣重量，並以此理論預測：愈高的地方壓力愈小，並用實驗來檢驗。若學生程度較佳，也可以同時引進「粒子碰撞模型」來進行更多預測，在預測過程中，學生要不斷的練習這樣的思考：「在密閉空間中，體積愈小，空氣粒子愈擁擠，碰撞到器壁的頻率愈高，壓力就會愈大」、「密閉空間中，溫度愈高，空氣粒子速度愈快，碰撞到器壁的力道和頻率都會愈高，壓力就會愈大」，也就是在運用模型進行「思考智能」的學習，後續以實驗驗證之後，也就建立了以粒子碰撞思考氣體壓力的能力。

　　如果像這樣可以提出兩種理論讓學生去比較的話，就有機會評估不同模型的優劣：「何者能說明更多現象？」、「何者能描述得更精準？」、「何者能應用的範圍更廣？」、「在何種狀況使用何種模型是更好的選擇？」從而激發學生更多的思考，並與學生在課程最後進行討論。

　　第二階段核心的學習表現是「思考智能」部分。「問題解決」則成為工具，用來完成學生思考智能的學習。課程重心的選擇，會影響教師在課程設計上的決定。由於思考智能是此階段的重點能力，因此我們在挑選主題時，要選擇在實驗的門檻、數據或實驗結果分析的門檻較低的單元，讓學生能比較快速且輕鬆的完成實驗，等收集到實驗結果後，才能把比較多的時間留在思考智能的學習。

　　回顧整個第二階段的課程，你會發現這就是建模的過程：從第一步的觀察，形成一個模型的粗胚，再經過科學方法的檢驗雕琢，慢慢形成下一層較為精緻的模型。最後的這一步，我稱之為：從「Why」到新的「What」的過程。

　　第一階段的最開始是「What」，第二階段的結束則是對事物有更深一層認識的「What」。科學就是這樣一層一層挖進去，得到對自然界愈來愈透澈的認識，學生的學習也是如此——每一個學習階段都該奠基於前一個階段的學習基礎，一層一層的往下鑽得更深入。

Q 如何陪伴孩子面對大考的素養題？

「素養導向」是十二年國教教改中最關鍵的一個詞彙，本書嘗試傳達的教學理念可以說是以素養導向的教學思考為主。當然在十二年國教的素養教學之下，大家關心的必然就是素養導向的評量了。

簡單來說，「素養導向」就是對長期以來教育現場的許多教學面向和現實生活斷裂的檢討。這裡所謂「與現實生活斷裂」，指的不是一般大眾的日常生活，事實上，許多課程甚至不太能與該專業領域的訓練有效連結。

以自然科為例，「探究與實作」是科學專業人士必備的能力，但在過去教學中是缺乏的；學生在課堂中學到許多科學知識，然而有些知識即使是專業人士也用不到，甚至少部分知識可能是錯誤的。在這樣教學與評量方式之下養成的學生，出社會後，往往還要自己花很多力氣將所學轉化為真正可用的能力；若無法成功轉化，甚至會感覺到過往的學習浪費了自己許多時間與精力。

十二年國教強調的「解決真實情境脈絡下的問題」，就是

希望在學習了基礎能力之後，還能將其統整與轉化成真正用得上的綜合能力。而所謂「素養導向命題」，就是要評量學生在學習之後，是否具備這樣的能力。

關於「素養題」的常見迷思

迷思 1：素養命題是全盤否定過去的命題方式

所謂「解決真實情境脈絡下的問題」，意思並不是直接讓學生去面對真實世界的問題，而是經過許多不同面向的教學後，學生慢慢具備理解真實世界的問題，以及介入問題、解決問題的能力。

這就好像教學生游泳時，我們並不會把學生直接丟到海裡（面對真實世界），而是將游泳的技能拆解成很多步驟，藉由一步步的教學與學生的精熟後，再將各個步驟動作組裝串連起來。學生先在相對安全的游泳池裡面嘗試、練習。先能游 25 公尺後，慢慢的可以在更深的泳池中游更長的距離。最後當他離開學校，他或許會知道，有一天如果需要在大海中游泳，自己還需要什麼訓練。他會勇於裝備自己，也會勇於嘗試。

　　從這個例子不難看出：經過拆解後，某些單項的學習與評量，雖然看起來是不太素養的精熟練習，但是這些精熟學習與素養之間並不衝突。專業的教師必須有能力將「真實世界」先拆解、簡化之後變成教學，讓學生慢慢學習；也要轉成評量，讓學生能逐步檢核學習成果。就像小學生得先重複練習寫字，了解字詞的意義，才能開始練習寫「句子」；學會許多句子之後，才能開始寫短文、寫長文。

　　所以，讓學生具備解決真實情境的能力，是教學的重要目標；但不代表每一個題目，都要做成素養導向的評量。若要檢核學生認不認識某些字詞，就要考他有沒有能力辨認出那些字詞的意義，那麼很簡單的選擇題與填充題，自然就足以讓老師和學生判別學習成果。這些題目是必要的評量，無須全盤否定過去的評量方式。

迷思 2：素養題就是情境題

　　我最近聽說一個奇妙的說法：「所謂素養導向考題，就是把原本的考題加上情境就是了。」如果這個說法為真，那麼學生只要繼續練習原本那些考試題目就行了。

　　問題是「考題＋情境＝素養導向考題」嗎？素養導向考題就是把原本的考題拿過來，然後找個情境套入嗎？

　　這還真是個弄反了的想法，其實是「先有情境才有考題」才對。素養導向命題的理念是：考題應該要盡量貼近真實生活情境或學術情境。如果從這個角度去檢視原有的考題，會發現過去非常多考題，不管是脫離生活情境或學術情境都太遠太遠，純粹只是玩一些無聊遊戲的題目而已。因此，若只是將那類題目套上情境，然後說這是素養導向考題，那麼依舊是沒營養的題目。

　　如果老師審視一個沒有情境的物理題目，發現這個題目中描述的某種模式（pattern），其實就是某個物理重要現象中簡化的情境，只是情境被抽走了，那麼只要把情境加回來，這樣還沒什麼問題。

　　但有些題目真的是過度包裝，有可能是出題者為了展現「創意」，而不斷在舊有題目上增加新的花樣，導致題目改得愈來愈拐彎抹角，甚至繞了很多圈卻沒有太大意義。這種題目即使加上情境也沒用，直接省略就可以了。

迷思 3：素養題的題目一定是「長文題」

　　談到素養命題，老實說大家也都還在摸索，截至目前為止，不管是升高中或是大學，第一屆十二年國教的大考尚未出現。但以 110 年的自然科會考考題看起來，已經有將近四分之一的題目是在評量學生的探究能力，明確宣示著：「探究是科學教學中的重點」，而其中題目也未必都是長文。

　　倒是在坊間，我們看到許多令人啼笑皆非的考題。有些題目把文章寫得很長，但學生其實根本不用讀完整篇文章，光看最後的問題和選項就可以選出正確答案；有些情境太過開放或複雜，但題目內容與標準答案卻只是來自出題者的自由心證。以升學考試來說，這樣的題目自然是完全不合格，也不應該在大考中出現。

　　素養導向的命題，為了要交代比較清楚的情境脈絡，當然字數會多一點。但是若說素養題的趨勢就是「長文題」，那就有點走火入魔了。因為一份試卷中，不需要每一題都具備完整的情境脈絡，有些題目確實是用來檢核知識記憶，有些就是考運算的精準度，這些都是必要的檢核重點，因此並不需要太多文字閱讀。其實所謂真實情境的命題，或許只需要占一份大考

的 20%，就能達到很好的檢核和影響力。

　　以 PISA 為例，在 2015 年，就以電腦線上進行虛擬實驗的方式進行測驗。以「台灣 PISA 國家研究中心」網站上有關「熱天跑步」的題目為例，題幹說明是這樣的：

　　在長跑時，體溫會上升並開始流汗。如果跑者沒有喝足夠的水來補充因流汗而流失的水分，他們會開始脫水。當水分流失率等於或大於體重的 2% 時就是處於脫水狀態，這個百分率顯示在下列的水分流失計上。如果體溫上升到 40℃ 或以上，跑者有可能會出現中暑現象而讓生命安全受到威脅，這個溫度顯示在下列的體溫計上。

　　這個題目總字數為 146 字，後續每一個題目的題幹長度也都不長。測驗內容是讓學生閱讀文字，了解待探究問題，並且在電腦上操作實驗、獲得結果、進行適當的實驗設計，並依據實驗結果回答問題、根據已知理論提出解釋等等。我認為也是高度的素養導向考題。

　　所以我的想法是：素養題很重要，也很專業，但字數不一定要很多，也不見得一定要放入大量雜亂的訊息。此外，題目

應該要回歸素養導向評量的初衷，在足以有效評量「學生是否具備解決真實情境的能力」的前提下，題目的篇幅可以盡量精簡一些。

在日常生活與學習中奠定解答「素養題」的能力

新課綱實施後，許多家長十分擔心大考題目變得愈來愈生活化與靈活，甚至會超出課本範圍，所以急著送孩子去補習班「補素養」，或是到處找強調素養的參考書來給孩子練習。

大考題目雖然會趨於靈活與應用，但基本上並不會超出孩子在學校所學的範圍。所以面對素養題的真正關鍵，其實就是本書中所介紹的「探究能力」。要答對素養題並不需要什麼過人的資質天賦，若能確實理解課堂上老師教導的內容，加上長期慢慢累積而成的思考與探究能力，每個孩子都夠掌握得很好。

很多坊間國小自然科的測驗卷題目品質並不好，充斥太多出題者自由心證的考題，這樣的題目對大考素養題其實未必有幫助。因此，建議家長無須過度擔心，可以把焦點放在孩子日常的生活與學習。

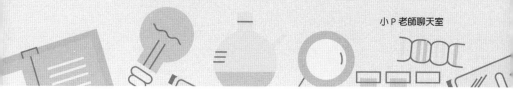

◉ **如果您的孩子處在國小階段**

就國小階段的孩子而言，三、四年級會開始正式接觸自然課程。建議不需要讓孩子死記太多科學知識與定律，而是要透過用手摸（操作）、動眼看（觀察），用大量的五感體驗和思考來學習自然科。從這個角度來看，透過少量的選擇題、是非題或填充題，可以確認孩子對課程中的知識是否精熟，但真的不需要太多；而觀察、記錄、比較差異、實作等評量方式，則是多多益善。

知識的學習未必要作實驗才能習得；但有些科學知識，倘若不經過實驗，學習到的知識會薄弱很多。所以在學校的課程之外，建議家長可以盡量提供大量實驗探索的機會，這樣會比單純閱讀課本好很多。講到在家動手做實驗，許多家長可能會馬上浮現「這很麻煩」、「坊間實驗套件很貴」之類的印象，但其實生活中處處都是探究的題目和機會。例如在電路與燈泡單元，電池、電線和燈泡都很容易買到且價格很便宜，就可以找來讓孩子操作及自學。

◉ 如果您的孩子處在國中階段

從國小階段進入國中，自然科的學習內容難度有了比較大的跳躍，剛上國一的孩子有時候會出現適應不良的問題。根據我的經驗，如果國小的成績都還算不錯，到了國中第一次段考有單科明顯下滑的情況，那可能就是對該科還沒辦法適應。

孩子不適應的原因除了難度增加之外，有些是對於老師的教學法或是課本、考卷上面運用的文字還不習慣。這些部分建議家長跟導師、任課老師溝通，了解孩子平時的學習狀況。也不妨跟孩子聊一下，看他覺得困難點在哪裡。

有些孩子可能會說：「我上課都聽得懂，但是考出來就很差。」這時可以讓孩子試著說出考題和選項的意思，如果孩子對考題理解有困難，可能是對題目的用語及表達方式還不太習慣，家長可以陪著孩子在閱讀及理解題目文字上多投入一些時間；如果孩子確實能夠清楚說出題目的意思，但在選項判斷上有問題，那通常就是對課程內容理解得不夠清楚，這時就需要針對孩子不太懂的部分進行加強。

上述這樣的學習診斷，對於有些家長來說可能感到很困難、很頭痛，這時建議家長還是可以先跟孩子聊一聊，而非直接斥

責或指導，先大致上了解一下情況再跟老師討論。

　　當然，如同前面所提到的，學校中使用的評量試題來源太廣、太繁雜，有些試題品質並不好，因此不需要執著於孩子每一題都要寫對，或是每張試卷都要考高分。千萬不要為了考試，反而傷害孩子對自然科學的理解與興趣。身為家長，我們並不需要陪著孩子「面對素養題」，而是要陪著孩子「面對生活」，這才是我們與孩子之間最重要的素養。

許多人覺得在考試中打敗他人，象徵著孩子未來的競爭力。但我確信孩子未來所需的能力中，「與他人合作的能力」遠比「打敗他人的能力」更重要。

——小 P 老師

PART

4

「探究與實作」 課程示例

示例 1

以「問題解決」為主的課程示例
——國中八年級上學期課程「比熱」

示例 2

以「思考智能」為主的課程示例
——國中八年級下學期課程「化學反應速率」

示例 1

以「問題解決」為主的課程示例
——國中八年級上學期課程「比熱」

比熱的單元，課綱描述的內容如下：

學習內容：Bb-IV-3 不同物質受熱後，其溫度的變化可能
不同，比熱就是此特性的定量化描述。

比熱雖然是科學上的專有名詞，但它描述的是不同物質受熱時，溫度上升的難易程度。所以我們可以設計一套「探究式課程」，讓學生從實驗中發現其特性之後，再以科學語言來描述特性。當然，要探討物質吸熱、溫度上升的主題，學生也必須知道質量大小也是影響溫度上升速度的因素。在實驗階段的課程，讓學生學習探究能力；在後段描述科學語言階段的課

程，讓學生建立的科學概念更穩固、清楚。以下簡單描述課程結構提供讀者參考。

學生先備知識與技能分析

這段課程通常放在八年級上學期第五章，也就是上學期到了最後三分之一的時段。學生在七年級和八年級一開始，已經操作過用酒精燈加熱的技術，也有使用過量筒、錐形瓶等實驗器材的經驗。在七年級的生物課時，學生也學過關於實驗設計變因設定的科學方法，應該也實際操練過實驗設計。當然我並不是說有了過去的這些課程，就保證學生已經能精熟運用這些技能，但學生在一個合理的學習歷程下，到了這個階段，都應該具備一些基礎的實驗操作能力和概念了。在知識上，學生已經了解熱量的定義，知道物體吸熱時溫度會上升。

老師大概可以想像，如果到這個階段，學生才有機會第一次進實驗室，那麼這堂課幾乎可預見的會是一次失敗的、甚至危險的經歷。這是因為探究能力也和知識的學習一樣，必須長時間於課堂中逐步累積。在學生具備合理的先備知識和技能時，教師就會更容易設計出適合學生能力的「探究式課程」。

　　雖然如此，在學生探究能力和實驗操作技能還不到位的狀況下，教師更應該設計適合他們目前能力的探究式課程，而不是直接放棄。就像如果老師發現學生此時對於「質量的測量」還不清楚，也不會放棄的說：「那沒辦法了，後面相關的課程我們都不能上了。」老師一定會想辦法找機會再把學生教會。進行這些教學確實要花時間，原本設定的進度也確實可能被拖慢，但是在教育的路上，我們總是知道：你可以慢，但不能停。學生進入到這個課堂中學習，當他離開時，理應比進來時更進步才行。

　　有了上述的認知，接下來，教師就可以開始規劃設計探究式課程。

一、觀察與定題階段

　　觀察是科學之母，我們可以先準備各種物品，讓學生進行加熱、記錄升溫速度。一方面讓學生觀察加熱不同物品時，所造成升溫速度的差異，另一方面讓學生初步熟悉實驗方式。假設我們分為六組，可以準備六種不同的東西，讓六組學生分別加熱，得到的數據再分享給其他組。

編號	質量(g)	物質種類	加熱設備
1	50	水	I
2	80	食用油	II
3	100	甘油	III
4	100	甘油	IV
5	200	水	V
6	200	水	VI

　　實際上操作，大概會發現編號 2 號的溫度上升速度最快，再來是 1 號，3、4 號再慢一點，5、6 號最慢。有些老師一看到加熱這六種東西的教學設計，可能會覺得奇怪：「這裡面的變因很混亂，根本無法分析啊！」

　　這是因為在這一階段的課程中，目的並不是讓學生直接觀察實驗數據，然後就要他們分析和得到結論。這段課程的目標是「觀察與定題」，也就是讓學生觀察不同東西加熱時，溫度上升速度的差異，並提出可能造成這些原因的猜想。所以這是一個教師刻意設計的情境，要學生加熱的東西裡面，包含了希望學生觀察到的變因，但同時也有點雜亂，沒有辦法直接做出判斷。

　　這一段數據測量完畢後，希望能引導學生觀察：相同物質下，質量較大時，溫度上升速度較慢（比較 1、5、6）；不同物質的升溫速度可能不同，但不確定水、食用油、甘油哪一種溫度上升速度較快。另外比較 3、4 組和 5、6 組的數據，則可以檢視不同酒精燈、三腳架、陶瓷纖維網和燒杯，會不會造成升溫速度的差別。

　　由於這個單元的主題是想了解物質受熱時升溫時，有哪些物質的特性會影響溫度上升的速度，所以加熱設備在這個實驗中應該是屬於控制變因，不希望加熱設備會影響升溫速度。但是相同規格的酒精燈、鐵架、陶瓷纖維網和燒杯，會不會讓加熱曲線不同？如果不會，那用相同規格的加熱設備，一次進行數個實驗收集數據就沒問題。如果會影響的話，那就要從頭到尾使用相同的加熱設備，才能比較數據。

　　從這一階段的觀察，可以指導學生「觀察加熱條件和升溫速度的差異，並且提出可探究的問題」。例如：「水愈多，溫度上升速度愈慢，兩者會不會成反比？」、「在相同加熱條件下，不同物質升溫速度會相同嗎？」然後這一段「觀察與定題」的課程，就能作為下一階段進行實驗計畫時的依據。

加熱實驗小撇步

　　由於國中實驗設備較為陽春，在加熱實驗中因為鐵架燒杯等裝置溫度還太低，一開始溫度上升曲線較為平緩；較高溫時，則會因為散熱速度太快，也會造成曲線變成較為平緩；在中段約 30~70 度左右，加熱曲線會接近直線。

　　若要降低學生分析數據的門檻，可以讓學生在加熱 2 分鐘之後才開始收取數據，並在溫度到達 70 度之前就停止收集數據。在教學上的取捨，可依學生程度進行調整。也可以在同一個班上，以同質性分組，並且給不同組別不同收取數據的指令，給予差異化的學習指引。

二、計畫與執行階段

　　問題被提出後，接下來就是設計並進行實驗來驗證問題。設計實驗時，大概就是注意操縱變因要如何調整、控制變因要如何維持不變、應變變因要如何測量。以此實驗來說，操縱變因和應變變因都已經在上一階段的課程中出現過。要在過程中多一點提醒的部分，是改變操縱變因時要注意哪些控制變因。

　　在教學上，有時會讓學生提出更多可能影響實驗結果的操縱變因，將其填入表格中，然後再讓學生思考規劃實驗流程。例如：

實驗一、在相同的加熱條件下，不同物質溫度上升的速度有何不同？

變因一 質量	變因二 物質種類	變因三 酒精燈	變因四 腳架與陶瓷纖維網	變因五 燒杯大小
100g	水	相同	相同	250ml
100g	甘油	相同	相同	250ml
100g	食用油	相同	相同	250ml

1. 將 100g 的水裝入 250ml 燒杯中,放在相同的腳架與陶瓷纖維網上,並用相同酒精燈加熱,並於開始加熱 2 分鐘後記錄溫度,之後每 1 分鐘記錄一次溫度,持續至溫度到達攝氏 70 度為止。

2. 將物質換成 100g 甘油、100g 食用油,重複加熱步驟。

　　當然,能在實驗前規劃數據記錄表格,也是重要的。提示學生製作表格時,不同的實驗項目作為縱軸,實驗時間記錄作為橫軸,並規劃合理的表格大小等注意事項,教師也可以寫在學習單中給學生作參考。實驗步驟和表格規劃好之後,教師應該稍作巡視,檢視學生在製作表格上有無問題。

　　實驗前,請學生把實驗裝置都架設好,但點火裝置控制在老師手上。等待學生架設好實驗裝置,由老師過去檢查。老師應該詢問學生有哪些測量事項和安全事項是應該注意的?例如:溫度計勿觸碰容器底部、過程中勿改變溫度計位置、注意防風、酒精燈旁應準備一條溼抹布等等。老師都確認好之後,就可以將點火裝置交給學生點火,並開始收取數據。

　　實驗過程中,老師當然就得隨時開著鷹眼,四處掃視學生是否嚴格遵守安全事項。有人會說:「實驗室太危險,寧可不

讓學生進實驗室。」但這說法就像是「在操場活動很危險，體育課不准去操場」一樣本末倒置。老師需要在課堂上與學生慢慢建立良好的默契與安全規範，讓學生在安全的情況下進行學習，這正是老師教學的專業之一。當然，學校也應該賦予老師教學權柄，讓老師可以在學生嚴重觸犯實驗安全的情況下，給予學生適當的懲罰，才能讓老師在教學中逐步建立一個安全的學習場域。

三、分析與發現階段

首先，先把收集到的數據進行適當的整理，使數據轉成更可讀的資訊。有時候用原本實驗時記錄的表格就足夠，有時候則是要將數據作一點調整或是畫成圖，才能讓資訊凸顯出來。以這個實驗來說，我們希望看到的是「溫度上升的速度快慢」，換句話說，我們關注的是：在一定的時間內，溫度上升了多少。

我們可以很粗略的將加熱過程中間 5 分鐘或 10 分鐘後的溫度，減掉一開始的溫度作為比較的依據；也可以讓學生將時間作為橫軸，溫度作為縱軸，將數據繪製成 x-y 散布圖後，以

趨勢線分析斜率、進行討論。老師可以視學生的程度，設定不同的數據分析方式。重點是讓學生能學習轉換數據的方式，並運用數據轉換後的資料，回答要探究的問題。

當我們可以從數據看出「質量愈大，溫度上升愈慢」時，就能從數據判斷出質量與溫度上升速度約略是成反比的；也可以看出不同物質溫度上升的速度是不同的：食用油溫度上升速度最快，甘油次之，水的溫度上升則是最慢的。

四、討論與傳達階段

讓學生根據實驗結果回答問題。問題的設定，也可以做出難度的差異化。例如可以問定性的、封閉式的問題：「根據實驗結果，水量多寡會影響溫度上升速度快慢嗎？水愈多，溫度上升愈快還是愈慢？」或是可用定性回答，且較開放式的問法：「請說出水量多寡和溫度上升速度的關係。」也可以問以定量方式分析，並且比較開放式的問題：「根據實驗結果，水量會和溫度上升呈現什麼數學關係？」

我們可以先讓學生試著用封閉式的方式回答問題，例如下面這個學習單的內容：

　　根據實驗結果，_____ g 的水在加熱 5 分鐘後，溫度從_____℃上升到_____℃；_____ g 的水用同樣熱源在加熱 5 分鐘後，溫度從_____℃上升到_____℃。由此可知，水量愈_____，溫度上升速度愈_____。

　　運用填空的學習單形式，對學生來說就是進行閱讀理解，讓他們將正確的資訊和定性的推論結果填上，就完成了。但我們總希望學生能在更少的協助下完成任務，所以學習單中的下一題，就可以這樣問：

　　請參考上一題的句型，寫出食用油、甘油和水溫上升速度的關係。句子中必須包含實驗結果的描述和比較之後的結果。

　　在課程設計中，一開始提供較多鷹架讓學生模仿，再慢慢減少提示，讓學生能熟悉運用自己學習到的能力。知識必須反覆練習而精熟，能力也是。國中老師可以以一學期或一年為一個思考單位，逐步檢視學生能力的成長。不用要求學生在一節課的教學後就學會所有能力，但必須要求學生在一學期或一年的課程之後，能力有顯著的成長。

五、知識精熟階段

教師從實驗結果出發進行陳述：

甘油溫度上升速度比水快，代表水與甘油相比，水是一種溫度較難上升的物質。科學家制定了一種指標，來描述不同物質溫度上升的困難程度，就稱為「比熱」。比熱愈大的物質，溫度就是愈難上升的。科學家把水的比熱定為1，其他的物質就與水進行比較。例如甘油的比熱大約是0.6，意思是如果給1g的甘油0.6卡的熱量，溫度會上升1℃；與其相比，要讓1g的水上升1℃，需要1卡。水需要更多的熱才能達到相同溫度上升的量。

教師把原本要講述的內容移到實驗之後，用學生的實驗結果來輔助說明，就可以在學生對要談論的現象有充分的認識之後，再引進系統化的語言文字敘述，對於學生知識的理解會非常有幫助。最後再提供一些小考問題，就能幫助學生在理解現象的前提下，弄懂比熱的意義。

受限於課程時間，我們的確不太可能在每堂課中都操作這

麼多的探究能力。因此以上示例目的是針對各個探究階段，簡要的提供一些課程設計的想法。老師在進行課程規劃時，可以思考哪個單元特別適合培養哪一類的能力，在不同章節放入不同的探究能力課程，在三年的國中自然課中逐步培養出學生的能力。

可能有些老師會覺得，熱學實驗的數據常會因為無法控制的熱量散失，而導致數據不太漂亮，那麼就在這個單元進行定性討論就好了。但或許我們可以考慮在「虎克定律」的單元，用品質較好的彈簧做出漂亮的數據統計圖，提供定量分析的素材。也可能有些老師覺得自己的學生能力較好，有能力討論在熱量散失情況下造成的誤差，那當然就可以在這單元進行多一點的誤差分析討論。

示例 2

以「思考智能」為主的課程示例
——國中八年級下學期課程「化學反應速率」

化學反應速率的單元，課綱描述的內容如下：

學習內容：Je-IV-1 實驗認識化學反應速率及影響反應速率的因
素，例如：本性、溫度、濃度、接觸面積及催化劑。

學習內容說明：1-1 以實驗探究溫度、濃度與接觸面積的大小
跟化學反應速率的關係，不涉及計算。

　　從課綱的學習內容及說明可知，這一階段課程要以實驗探
究的方式來學習，但學習內容都不需要涉及數學計算。化學反
應速率的單元，不少老師會以「問題解決」為主要的學習表現

目標來設計課程，這當然是合理的做法。但本篇刻意使用「思考智能」部分的學習表現來設計課程，調高思考智能的比重來設計課程。相同的學習內容，搭配不同的學習表現之後，呈現出的課程樣貌就會有所不同。教師可以視課程需要進行調整。

學生先備知識技能分析

學生在這個階段，已經有不少觀察與操作化學反應的經驗了。例如他們應該已經有在空氣和純氧中燃燒鎂帶的經驗，有比較過鎂鋅銅氧化的經驗，也有將不同物質放在酸裡面與酸反應，產生氫氣或二氧化碳的經驗。在生活中，也應該都經驗過鐵的生鏽和暖暖包使用時的放熱現象。

此外，學生已經學習過「原子說」，代表學生具備以粒子的運動思考化學反應的能力。也因此在這邊引進粒子碰撞理論，作為化學反應的模型思考素材是可行的。以下課程就將引進碰撞理論作為想像創造的素材，進行預測後再以實驗驗證，確立理論模型。

一、回溯經驗引入主題

先請學生把曾經看過、學過的化學反應條列出來,像是光合作用、呼吸作用、雙氧水分解、各種氧化與酸鹼反應等等。讓學生提取過往學習過或經驗過的化學反應。接著向學生提問,這些化學反應中,有些速率比較快,有些比較慢。請學生說出哪些反應看起來比較快?哪些看起來比較慢?藉此引入「反應速率」的主題。將這些反應經驗做初步的比較,大多可以明確的說出鐵生鏽的速率比酒精燃燒更慢一些,碳酸鈉和氯化鈣溶液接觸後沉澱的速率是很快的等等。

二、引進碰撞理論

化學反應的發生與否,可以用反應物產生有效碰撞的頻率來決定。碰撞學說並不是課綱規範的學習內容,但可以用在這個地方,讓學生作為思考智能學習的素材。這個理論可以用「PhET」作模擬說明。PhET 是美國科羅拉多大學開發的網站,裡面有大量的互動式模擬實驗軟體可以作為許多教學之用。其中「Reactions & Rates 化學反應和反應速率」這個主

題，就可以輔助教師說明碰撞理論。以下簡要說明：

（一）軟體操作環境如下圖。一開始使其以「彈珠台」的外觀來呈現。可以拉動紅色把手，把 A 彈射出去後，碰撞到 BC，使 A 和 B 連起來變成 AB，C 則是被碰撞出去。這裡可以讓學生理解：A 和 BC 如果要變成 AB 和 C，那麼 A 和 BC 必然要發生碰撞。但碰撞一定會產生改變嗎？這時候可以調整紅色把手拉動的幅度，讓 A 輕輕的發射出去，此時會發現：即使 A 碰撞到了 BC，仍有可能無法發生反應。這時候學生就知道，得要「用力點」才行。

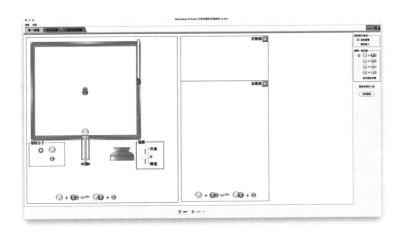

　　（二）也可以把發射器調整成斜的，這時候如果發射了A，就會看到A在空間中四處亂彈，有時候會很長時間都碰不到BC，當然就無法產生反應。如果要進一步讓學生認識「有效碰撞」的話，還可以繼續等待，當A球有時候會碰到BC中的C位置，也不會產生變化。這時候可以問學生：「為什麼兩者明明碰到了，速度也夠快，卻還是沒有反應？」學生大多也都能說出來：「因為A撞到的是C不是B，撞的位置不對也是不行的。」

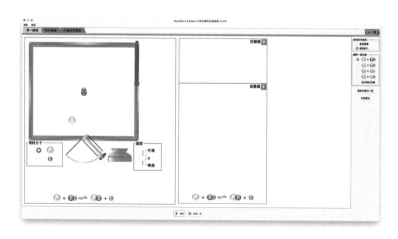

圖片來源：PhET Interactive Simulations

三、根據理論進行思考與預測

當 A 在空間中四處亂彈卻難以撞到 BC 時，當然就會產生一點情緒的焦躁了。這時候老師就可以問學生：如果我希望它快一點發生反應，我們可以怎麼做？讓粒子數量多一點或是讓它們跑得快一點，自然是很容易想到的策略。接下來課程就可以在虛擬世界和實體實驗室兩端交替進行。

首先，在模擬程式中，選擇「很多碰撞」，並且調高 A 和 BC 的數量，例如說都變成 10 個，先在程式中模擬，發現這樣一來，碰撞和反應的機率比起各只有 1 顆粒子確實高很多。

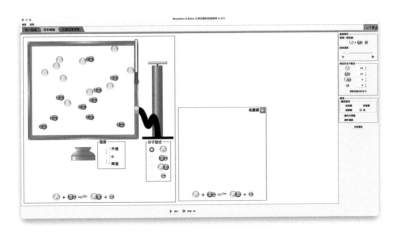

圖片來源：PhET Interactive Simulations

　　接下來得提出問題：在實驗室中，要怎樣做才能提高粒子的數量？如果提高粒子的數量？應該要看到什麼結果？

　　這是要讓學生將腦中的模擬和真實世界相連。我們都不是真正看到物質的粒子碰撞，而是以模型的方式來想像。這種運用想像進行思考、推論與預測，就是學習思考智能的重點。學生便能將粒子變多的狀態，和曾經學習過的「濃度高低」作連結：濃度愈高，粒子愈密集，碰撞的機率就愈高，反應速率就愈快。

　　除了濃度之外，顯然粒子移動的速度愈快，碰撞的機率和力道也會愈高。這一點在前一段用彈珠台發射粒子時，也曾提及並暗示。於是下個問題當然就是「在實驗室中，如何讓粒子速度變快」，如果學生還沒有「溫度愈高，粒子運動速度愈快」的觀念，老師可以選擇直接講述告訴學生：如果要讓粒子運動速度變快，對它加熱就可以做到。

　　這部分我的經驗是，學生對「高溫＝速度快」的概念還滿容易接受的，雖然是較困難的概念，但通常不太會影響課程的進行。

　　這階段課程的最後，要讓學生以某個實際化學反應作為例子，提出一個較完整的預測論述，像是：「根據碰撞理論，有

效碰撞機率愈高，反應速率愈快。當粒子愈密集，產生碰撞的機率愈高，反應速率應該要愈快。代表當鹽酸濃度愈高時，鹽酸與鎂帶反應產生氫氣的速度會愈快。」

其實，這樣的文字論述能力並不容易，我們可以以上面這個論述作為「例句」，讓學生閱讀理解，知道這樣的句子要如何涵蓋理論描述與實驗描述，並且讓學生在「溫度高低」部分來作仿寫。就是在「推理論證」和「傳達」上進行了教學。

四、實驗驗證階段

教師可以準備好不同濃度和溫度的酸，讓學生觀察鎂帶在裡面的反應，並且比較氣泡產生的快慢，看看和我們用碰撞學說預測的結果有沒有不同。若操作後發現實驗結果確實是吻合的，最後就可以確認，我們的實驗結果可以支持這個模型。

五、延伸預測階段

除了溫度和濃度之外，還可以思考有什麼方式可以讓酸和鎂的反應變得更快？根據碰撞學說，我們還可以調整什麼參

數？把鎂帶變成鎂粉，可以大幅提高酸和鎂的接觸面積，就會讓反應速率增加了。我們可以根據這個延伸預測，再一次透過實驗進行驗證。

課程進行的方式能有許多調整的空間，例如可以先進行濃度差異的比較，再引進碰撞學說，並用碰撞學說對已知的實驗結果進行解釋，再作預測；也可以如同上面的做法，理論出現之後，用理論預測數個不同的實驗結果；也可以分不同段落作預測和實驗。但過程中都要學生能不斷的思考、預測和提出合理的論述。

這種足以連結模型思考與實際世界的能力，就是「思考智能」中的「想像創造」、「推理論證」和「建立模型」，課綱內容如下：

ti-IV-1 能依據已知的自然科學知識概念，經由自我或團體探索與討論的過程，想像當使用的觀察方法或實驗方法改變時，其結果可能產生的差異；並能嘗試在指導下以創新思考和方法得到新的模型、成品或結果。

　　課綱涵蓋的內容很多，不可能在一堂課裡都教授完畢。在這段課程中，規劃的具體課程目標就是讓學生學會「想像當反應物濃度改變時，其反應速率可能產生的差異」。另外，課綱內容中提到：

> tr-IV-1 能將所習得的知識正確的連結到所觀察到的自然現象及實驗數據，並推論出其中的關聯，進而運用習得的知識來解釋自己論點的正確性。

　　要檢視學生是否具有此能力，就可以讓學生在這邊用寫作或口說的方式，說出碰撞理論和濃度之間的關係或提出解釋。最後，課綱內容中提到：

> tm-IV-1 能從實驗過程、合作討論中理解較複雜的自然界模型，並能評估不同模型的優點和限制，進而能應用在後續的科學理解或生活。

　　這段課程中運用的模型，就是碰撞理論了。課程中只運用單一模型，所以沒有操作模型的比較，但要讓學生能夠從實驗

過程和模擬軟體中學習理解、運用自然界模型。

　　以上簡要的介紹以「思考智能」為主的課程，並提供可行的課程示例提供給大家參考。

　　身為老師，我總是會在許多地方和各式各樣的人聊起教育議題。許多人都關心教育，關心我們的教育是不是能讓下一代更好。而近年來，教育現場更是提出許多質量兼具的論述、觀點與行動。

　　教育的觀點因為世界的劇烈變化而產生了很大的差異，教育本來就該與時俱進，回應世界變化的趨勢，也應該持續進化，以提供更優質的教學內容。然而要面對變化劇烈、充滿不確定性的未來，只依賴學校提供的固定內容是無法應付的，陪伴學生認識自我特質，找到適合自己的學習方式，培養起解決問題的能力，變成最重要的學習任務。於是各科目教師就必須學習解構自己領域的專業內容，提出在自己的專業領域中，能幫助學習者成為終身學習者的元素。

　　符合這些條件的元素往往不是領域內的特定知識，而是這些領域的思考方式與觀點。當「學習如何學習」變得重要時，

教導孩子如何學習，就理所當然成為教育現場的重要任務。當問題解決能力變得重要時，教導孩子面對真實問題與解決真實問題的練習，當然就是教學現場必須提供的課程。

––––––––––––

　　賽門‧西奈克（Simon Sinek）在《無限賽局》一書中提到，有些賽局有明確既定的玩家和規則，玩家遵守規則進行賽局，在達成某個設定好勝利的目標後，賽局就結束。我們可以知道賽局的開始、過程與結束，以及明確的勝負，這是「有限賽局」的特色，一般球類體育競賽就屬於這類賽局。另一類賽局則是「無限賽局」，追求的可能是某個理念的實現，例如想打造一個更健康快樂的社會或是追求自我成長。這類的賽局顯然沒有太明確的規則與規範，沒有賽局結束的終點，也沒有所謂的勝負。

　　我們都知道學習是一輩子的事，在自我成長的路上，根本不需要在意某一次考試贏了誰、輸了誰。學習與成長沒有成王敗寇，只有不斷透過學習認識自己，並且評估下一步要怎麼走，在一輩子這麼長的時間裡，不斷的讓自己成為更好的自

己。教育是很明顯的無限賽局。

　　但在教育現場中，卻常常可見將考試與升學的有限賽局思維強加在學生身上，因而產生出各種問題。當我們在意考試與升學的成績勝過學生本質上的成長，著重「勝利」、「打敗對手」、「拿到第一志願」，抱著有限賽局思維思考的老師，在教學上就會出現用各種捷徑取得考試分數，卻忽略了真正能幫助學生學習成長的策略；抱著有限賽局思維的學生也會說：「我努力學習的目的，是為了打敗其他人，現在我做到了，我可以停下來了嗎？」他們考上第一志願後，就是停止學習的那一天。出現這些情況，也就不足為奇了。

　　教育的思維，絕對要從「有限思維」轉變為「無限思維」。教育的目的絕不僅是要讓孩子在某幾次特定考試中脫穎而出，而是要幫助孩子奠定一輩子學習與成長的扎實基礎。

────────────

　　既然意識到教育任務重心的移動，對教師而言，就需要在課程設計與評量內容上做出調整。在科學教育的領域中，提供科學思考的訓練以及科學問題解決策略的養成課程，培養學生

成為問題的解決者以及知識的生產者。

　　對家長而言，最重要的是保持開放的心胸，持續給予孩子關心、支持與陪伴，在孩子成長的路上，成為最佳協助者。家長也要認識到世界已經改變了，孩子的教育型態也理所當然的應該不同。家長的支持，是教育改革的重要動力，家長若能持續向學校表達：孩子的學習不用快，但要扎實；科學課程應該要有更多「探究與實作」的課程等等，就能讓願意進行改變的老師，更義無反顧的研發新的課程。

　　當然，教育不能只是空有想法與理念，必須擁有實際運作的方法與技術，才能夠真正實踐理想。本書提供筆者十幾年來在科學教育領域中的思考與實踐，希望能幫助老師與家長理解科學教育在這波教育改革浪潮中所能扮演的角色，以及更重要的是：我們該如何幫助學生與孩子，未來能夠真正成為自己心目中──最棒的那個人。

致謝

　　正如同我在書中提到的，我是在成為科學老師之後，才在職場中跌跌撞撞的逐步思考什麼是科學探究課程。一開始有好多年的時間，我都是自己獨自在課堂中思索、嘗試與修正新的課程思維，也不知道自己到底做得如何。直到某一年，因為網路媒介，認識了宜蘭復興國中的吳月鈴老師，才有了突破。

　　吳老師一方面認證了我當時努力的方向是正確的，給予我很大的鼓勵，也在之後的十多年來，持續提供我在教學上的指引。她的眼光銳利精準，總是可以一針見血的指出我在教學思考上的許多問題。另一方面，也因為她的悉心引介，讓我開始有機會走出教室，與台灣其他超級厲害的科學老師有接觸討論的機會。

　　林莞如老師就是上述眾多超級厲害的科學老師其中一位，從合作學習的理念和技術，到許多科學教育的理論和思考架構，都是經由長時間與莞如老師討論之後才慢慢建立起來的。如果說在我的學生時期，影響我科學思考架構的人是費曼先

生，成為老師之後，影響我建立科學教育架構最重要的人，就是月鈴老師與莞如老師了。

感謝彰師大段曉林教授給我機會擔任「科學探究課程設計與實施計畫」的特聘教練，讓我有機會一次又一次反覆思考科學探究課程應有的架構、樣貌，以及實務執行上可行的做法，才讓自己能建立起較清楚且能傳達的科學探究課程架構，也才會有這本書的誕生。

當然也要感謝龍山國中的夥伴與長官，一直以來默默的支持與忍耐我許多任性的理想以及混亂的教室，讓我有充分的空間可以實踐自己的想法，這麼好的工作條件與支持，始終都讓許多人羨慕不已。

感謝教育噗浪客、夢N、北區自然共備團、新北市輔導團許多的夥伴，大家一起走，才能走得又快又遠。

感謝最好的夥伴蔡季娟老師，不厭其煩的幫我修改書稿上許多錯誤，提供許多書寫方面的建議，也同時給我很多的鼓勵。沒有妳的話，這本書要產生恐怕會困難許多。

也感謝親子天下團隊，讓我見識一本書的誕生需要多少專業與努力。感謝親子天下給我這個機會，讓我把這十多年身為科學教師的一點心得整理出來，分享給大家，希望這本書能真正帶給台灣科學教育界一些改變。

國小以上孩子
自然科課外讀物推薦

◉ 費曼系列

費曼系列的書對我影響深遠。即使從初次閱讀至今已經過數十年，這系列書籍如今看來仍然值得大力推薦。最基本的兩本必讀之書是他的自傳，也就是《別鬧了！費曼先生：科學頑童的故事》以及《你管別人怎麼想：科學奇才費曼博士》，這兩本書相當平易近人，可以當作一般閒暇時引起科學興趣的閱讀書籍。書中雖然沒有提及太多艱澀的科學知識，字裡行間卻充滿費曼對科學的熱愛，以及科學的精神、態度與本質，讓讀者從閱讀中潛移默化，我非常推薦。

其他幾本書像是《這個不科學的年代》、《物理之美》、《費曼的主張》等等，內容上涉及科學的難度略高，如果讀者想要進一步探索科學的話，也是非常推薦閱讀的書籍。

《別鬧了，費曼先生：科學頑童的故事》
理查・費曼（Richard P. Feynman）／著
吳程遠／譯，天下文化出版。

《你管別人怎麼想：科學奇才費曼博士》
理查・費曼（Richard P. Feynman）／著
尹萍、王碧／譯，天下文化出版。

◉ 其他科學家傳記與科學史

　　我小時候非常愛看傳記和科學故事，因為看傳記就好像在閱讀故事一樣，不需要懂太多艱難的科學，卻可以對科學家的思考和體悟獲得一番感受與領悟。台灣已經出版了多本有關科學的傳記與科學故事，其中 LIS 的《科學史上最有梗的 20 堂物理課：40 部 LIS 影片讓你秒懂物理》和《科學史上最有梗的 20 堂化學課：40 部 LIS 影片讓你秒懂化學》，是相當容易閱讀且值得大力推薦的科學史書籍，書中內容也相當符合「素養導向」學習的精神。

《科學史上最有梗的 20 堂物理課：
40 部 LIS 影片讓你秒懂物理》
胡妙芬 / 著，親子天下出版。

《科學史上最有梗的 20 堂化學課：
40 部 LIS 影片讓你秒懂化學》
姚荏富、胡妙芬、LIS 科學教材研發團隊 / 著
親子天下出版。

另一套值得推薦的套書是《改變人類命運的科學家們》，這套書一共三冊，是韓國翻譯過來的知識型漫畫，書中介紹多位重要的科學家故事。這套書的難度稍微高一點，但也是很棒的科學家與科學史的書籍。

張文亮教授的經典之作《電學之父：法拉第的故事》（修訂版），雖是薄薄一本書，故事卻極為精采，將法拉第終其一生在科學上的偉大發現，以及他偉大的人格做了很好的介紹，是不可錯過的科學讀物。

《改變人類命運的科學家們》
金載勳／著，張珮婕、賴毓棻、陳聖薇／譯
啟動文化出版。

《電學之父：法拉第的故事》
張文亮／著，文經社出版。

幾部《超科少年》系列書則是用漫畫的形式呈現不同科學家及其科學發現，例如：牛頓、伽利略、達爾文、居禮夫人、特斯拉、愛達等，也很值得推薦給孩子閱讀。

《超科少年套書》
親子天下出版。

◉ 生活科學類

《蘇老師掰化學》套書共六冊，是化學教授蘇瓦茲（Dr. Joe Schwarcz）將他專業的化學知識和生活結合的套書。書中談論大量生活中會遇到的化學現象與問題，用詞風趣，知識專業。

培養孩子探究力的
線上自學網站推薦

　　線上學習已經成為孩子學習的重要方式之一，優質的線上學習平台對於想要學習者來說，更是一大福音。有哪些線上自學平台值得推薦呢？這就要評估學習者的需求是什麼了。

◉ 均一教育平台

均一
教育平台

　　如果是比較傳統的學習需求，像是對於「知識學習的統整」、「預習」或「精熟複習」等目的，那麼「均一教育平台」是非常好的選擇。家長平時就可以根據學校進度，安排孩子觀賞「均一教育平台」裡的影片，或是以寫題目的方式來進

行學習。如果孩子很有興趣，想要在家超前學習，或是想要在課後複習一下，或是上課時聽不清需要重新學習，「均一教育平台」的介面設計非常親和，能滿足學習者的各種需求。

◉ NHK for School

NHK for
School

數一數
玉米顆粒

　　如果需求是學習「科學研究及思考方法」的話，日本NHK教育電視台的網站「NHK for School」中有大量的教學影片，相當適合各種年齡層的孩子欣賞。

　　以網站中「數一數玉米顆粒」（数えてみる—カガクノミカタ）的課程為例。一開始，看似很無聊的讓學生們分別去數每根玉米上的玉米粒總共有幾顆，然後把數到的玉米粒數字由大到小都列出來之後，再請學生們觀察這些數字，看看這些數字之間有什麼特殊的共通處或趨勢，結果大家發現，每一根玉米粒的數字都是偶數。

　　接著，學生們從觀察到的事實「玉米粒都是偶數」為基礎，提出自己的猜想，例如：「會不會每一直行的玉米粒都是偶數？」在檢視每一行的玉米粒之後，有些學生發現有些直行

的玉米粒並不是偶數。接下來，再提出下一個猜想：「會不會玉米的行數都是偶數？」於是實際把玉米橫向切斷之後，發現確實同一個橫斷面上的玉米都是偶數的。但是這是巧合，還是來自於自然界中的一些規則呢？當學生再仔細觀察後就會發現，玉米粒原來是一對一對的長出來的。

從數玉米粒這樣簡單的觀察，居然就可以經由逐步猜想和驗證，去認識自然界中玉米生長的規則。甚至可能可以再延伸去思考：「還有沒有別的生物也有類似的情況？」例如：河豚身上的刺也是偶數，會不會和玉米粒數總是偶數的原因相同？

這樣的探究歷程除了涉及一些科學知識外，探究歷程中的思考，抽絲剝繭逐步解開謎團的過程本身就相當精采，有助於孩子培養探究能力。

雖然「NHK for School」網站中的影片確實需要聽懂日文才能充分理解，不過大部分的影片內容難度都不高，因此只看影像也不會太難理解。其實我自己在看這些影片時，也聽不懂日文語音的內容，但可以藉由影像和一些漢字，了解大約七至八成的內容。所以家長不妨善用這個網站，事前先把影片瀏覽一次，然後再帶著孩子一起看；如果期待孩子藉此進行較高強度的學習，可以讓孩子一邊看影片，一邊跟著影片裡面的步

驟操作學習。

　　例如前面提到的「數一數玉米顆粒」活動，就可以真的買一兩根玉米讓孩子試著直接驗證看看，讓他試著在上面標示數字。隨著影片中一個接一個的步驟，暫停播放影片，等到孩子完成操作的活動後，跟著影片中的學生同步做觀察。

　　當孩子進行這些活動的操作時，記得要掌握一個重點：最後的答案永遠不是最重要的。孩子能提出正確的猜想很好，但是提出錯誤的猜想也值得肯定；若錯誤了，就捨棄猜想，但不代表這個猜想就是糟糕的、無用的。

　　家長千萬不要在孩子提不出正確答案時感到挫折、焦慮。科學探究的過程本來就是要去檢視各種可能性，透過捨棄錯誤的過程，一步步接近正確的答案。這也是 NHK 影片中珍貴的地方，影片中會提出各種可能的想法，並且進行驗證，而不是只告訴你最後的答案，這樣用心的安排，也讓影片中的科學活動具有很強的探究意味。

　　此外，台灣也引進一套科學童書《NHK 小學生自主學習科學方法》，書中也有提到上述「數一數玉米顆粒」活動，家長可以參考書中的實驗步驟，陪伴孩子一同進行科學探究。

◉ LIS 情境科學教材

LIS
情境科學教材

　　台灣的「LIS情境科學教材」系列影片，從科學史出發，錄製了大量高品質兼具趣味性、知識性與探究歷程的影片，非常值得作為學生課後自學的參考。

　　在影片的使用上，可以把每一部影片視為單獨獨立的影片來欣賞，也可以依照化學、生物、物理、地科等科目做主題式的學習。「LIS情境科學教材」網站中除了影片之外，也已經釋出相關的文本，甚至有些單元還附上由教師精心設計的學習單，主要目的是提供給現場老師使用，但家長若有需要，也可以嘗試自行下載、列印下來使用。

國家圖書館出版品預行編目 (CIP) 資料

教出科學探究力 / 鄭志鵬作 . -- 第一版 . -- 臺
北市：親子天下股份有限公司 , 2021.08
272 面；14.8X21 公分 . -- (學習與教育；224)

ISBN 978-626-305-065-5(平裝)

1. 科學教育 2. 中等教育

524.36   110011691

學習與教育 224

教出科學探究力

作　　者｜鄭志鵬
責任編輯｜黃麗瑾、林胤孝
編輯協力｜李佩芬
校　　對｜魏秋綢
封面設計｜葉馥儀
封面‧內頁插畫｜陳佳蕙
內頁排版｜賴姵伶
行銷企劃｜蔡晨欣

發行人｜殷允芃
創辦人兼執行長｜何琦瑜
副總經理｜游玉雪
總監｜李佩芬
副總監｜陳珮雯
資深編輯｜陳瑩慈
資深企劃編輯｜楊逸竹
企劃編輯｜林胤孝、蔡川惠
版權專員｜何晨瑋、黃微真

出版者｜親子天下股份有限公司
地址｜台北市 104 建國北路一段 96 號 4 樓
電話｜(02)2509-2800　傳真｜(02)2509-2462
網址｜www.parenting.com.tw
讀者服務專線｜(02)2662-0332　週一～週五 09:00~17:30
讀者服務傳真｜(02)2662-6048
客服信箱｜bill@cw.com.tw
法律顧問｜台英國際商務法律事務所‧羅明通律師
製版印刷｜中原造像股份有限公司
總經銷｜大和圖書有限公司　電話｜(02)8990-2588

出版日期｜2021 年 08 月第一版
定價｜380 元
書號｜BKEE0224P
ISBN｜978-626-305-065-5（平裝）

訂購服務
親子天下 Shopping｜shopping.parenting.com.tw
海外‧大量訂購｜parenting@service.cw.com.tw
書香花園｜台北市建國北路二段 6 巷 11 號
電話｜(02)2506-1635
劃撥帳號｜50331356 親子天下股份有限公司